AF588943

TABLEAU RAISONNÉ

PRÉSENTANT

LA QUOTITÉ DU DROIT

A LA VENTE EN DÉTAIL,

EN RAISON DU PRIX DES BOISSONS;

CALCULÉ DEPUIS CINQ CENTIMES JUSQU'A SEPT FRANCS LE LITRE, ET DEPUIS UN LITRE JUSQU'A CENT HECTOLITRES.

PAR J.-L. JACCAZ,

AUTEUR DU MANUEL-GUIDE DES CONTRIBUABLES DE LA RÉGIE DES CONTRIBUTIONS INDIRECTES.

DEUXIÈME EDITION.

BIBLIOTHÈQUE ROYALE

PARIS,

CHEZ L'AUTEUR, RUE POISSONNIÈRE, N° 3.

1823.

J'ai rempli toutes les formalités voulues par la loi ; je poursuivrai par-devant les tribunaux tout contrefacteur et tout débitant d'édition contrefaite.

Les exemplaires qui ne seront pas revêtus de ma signature et de mon chiffre au bas du titre, sont désavoués par moi.

PRIMERIE DE COSSON.

PRÉFACE.

Nous avons jugé à propos d'extraire du *Manuel-Guide des contribuables de la régie des contributions indirectes*, le tableau raisonné du droit à la vente en détail des boissons. Les motifs qui nous y ont déterminé prennent leur source dans le caractère apathique de quelques débitans peu jaloux de s'instruire, et dans la position peu aisée d'un plus grand nombre. Il en est peut-être qui trouveront le prix de l'ouvrage entier trop élevé, quoique souvent ils fassent des dépenses moins utiles.

Ces différentes considérations nous ont engagé à publier séparément ce tableau et la manière de s'en servir : nous ne doutons pas que le redevable le moins aisé n'en fasse l'acquisition ; car enfin, au moyen de ce petit ouvrage, il sera dans le cas de savoir pourquoi il paie, ce qu'il paie et ce qu'il doit payer.

A 5 CENTIMES LE LITRE,

Litres.	Valeur.		DROITS DE DÉTAIL. 15 pour 100.			Déduction du 3 pour 100.			Net.			Décime.			Total.		
	fr.	c.	fr.	c.	mil.	fr.	c.	mil.	fr.	c.	mil.	fr.	c.	mil.	fr.	c.	mil.
1	»	05	»	»	75	»	»	02	»	»	73	»	»	8	»	00	81
2	»	10	»	01	50	»	»	04	»	01	46	»	»	15	»	01	61
3	»	15	»	02	25	»	»	06	»	02	19	»	»	22	»	02	41
4	»	20	»	03	»	»	»	09	»	02	91	»	»	30	»	03	21
5	»	25	»	03	75	»	»	11	»	03	64	»	»	37	»	04	01
6	»	30	»	04	50	»	»	13	»	04	37	»	»	44	»	04	81
7	»	35	»	05	25	»	»	15	»	05	10	»	»	51	»	05	61
8	»	40	»	06	»	»	»	18	»	05	82	»	»	59	»	06	41
9	»	45	»	06	75	»	»	20	»	06	55	»	»	66	»	07	21
10	»	50	»	07	50	»	»	22	»	07	28	»	»	73	»	08	01
20	1	»	»	15	00	»	»	45	»	14	55	»	01	46	»	16	01
30	1	50	»	22	50	»	»	67	»	21	83	»	02	19	»	24	02
40	2	»	»	30	»	»	»	90	»	29	10	»	02	91	»	32	01
50	2	50	»	37	50	»	01	12	»	36	38	»	03	64	»	40	02
60	3	»	»	45	»	»	01	35	»	43	65	»	04	37	»	48	02
70	3	50	»	52	50	»	01	57	»	50	93	»	05	10	»	56	03
80	4	»	»	60	»	»	01	80	»	58	20	»	05	82	»	64	02
90	4	50	»	67	50	»	02	02	»	65	48	»	06	55	»	72	03
100	5	»	»	75	»	»	02	25	»	72	75	»	07	28	»	80	03

OU A 5 FRANCS L'HECTOLITRE.

Hectolitres.	Valeur.		DROITS DE DÉTAIL.									
			15 pour 100.		Déduction du 3 pour 100.		Net.		Décime.		Total.	
	fr.	c.	fr.	c.	fr.	c	fr.	c.	fr.	c.	fr.	c.
1	5	»	»	75	»	02	»	73	»	8	»	81
2	10	»	1	50	»	04	1	46	»	15	1	61
3	15	»	2	25	»	06	2	19	»	22	2	41
4	20	»	3	»	»	09	2	91	»	30	3	21
5	25	»	3	75	»	11	3	64	»	37	4	01
6	30	»	4	50	»	13	4	37	»	44	4	81
7	35	»	5	25	»	15	5	10	»	51	5	61
8	40	»	6	00	»	18	5	82	»	59	6	41
9	45	»	6	75	»	20	6	55	»	66	7	21
10	50	»	7	50	»	22	7	28	»	73	8	01
20	100	»	15	00	»	45	14	55	1	46	16	01
30	150	»	22	50	»	67	21	83	2	19	24	02
40	200	»	30	»	»	90	29	10	2	91	32	01
50	250	»	37	50	1	12	36	38	3	64	40	02
60	300	»	45	»	1	35	43	65	4	37	48	02
70	350	»	52	50	1	57	50	93	5	10	56	03
80	400	»	60	»	1	80	58	20	5	82	64	02
90	450	»	67	50	02	02	65	48	6	55	72	03
100	500	»	75	»	2	25	72	75	7	28	80	03

A 10 CENTIMES LE LITRE,

Litres.	Valeur.		DROITS DE DÉTAIL. 15 pour 100.			Déduction du 3 pour 100.			Net.			Décime.			Total.		
	fr.	c.	fr.	c.	mil.	fr.	c.	mil.	fr.	c.	mil.	fr,	c.	mil.	fr.	c.	mil.
1	»	10	»	1	50	»	»	04	»	01	46	»	»	15	»	1	61
2	»	20	»	03	»	»	»	09	»	02	91	»	»	30	»	3	21
3	»	30	»	04	50	»	»	13	»	04	37	»	»	44	»	4	81
4	»	40	»	06	»	»	»	18	»	05	82	»	»	59	»	6	41
5	»	50	»	07	50	»	»	22	»	07	28	»	»	73	»	8	01
6	»	60	»	09	»	»	»	27	»	08	73	»	»	88	»	9	61
7	»	70	»	10	50	»	»	31	»	10	19	»	1	02	»	11	21
8	»	80	»	12	»	»	»	36	»	11	64	»	1	17	»	12	81
9	»	90	»	13	50	»	»	40	»	13	10	»	1	31	»	14	41
10	1	»	»	15	»	»	»	45	»	14	55	»	1	46	»	16	01
20	2	»	»	30	»	»	»	90	»	29	10	»	2	91	»	32	01
30	3	»	»	45	»	»	01	35	»	43	65	»	04	37	»	48	02
40	4	»	»	60	»	»	01	80	»	58	20	»	05	82	»	64	02
50	5	»	»	75	»	»	02	25	»	72	75	»	07	28	»	80	03
60	6	»	»	90	»	»	02	70	»	87	30	»	08	73	»	96	03
70	7	»	1	05	»	»	03	15	1	01	85	»	10	19	1	12	04
80	8	»	1	20	»	»	03	60	1	16	40	»	11	64	1	28	04
90	9	»	1	35	»	»	04	05	1	30	95	»	13	10	1	44	05
100	10	»	1	50	»	»	04	50	1	45	50	»	14	55	1	60	05

OU A 10 FRANCS L'HECTOLITRE.

Hectolitres.	Valeur.		DROITS DE DÉTAIL. 15 pour 100.		Déduction du 3 pour 100.		Net.		Décime.		Total.	
	fr.	c.	fr.	c.	fr.	c.	fr.	c.	fr.	c.	fr.	c.
1	10	»	1	50	»	04	1	46	»	15	1	61
2	20	»	3	»	»	09	2	91	»	30	3	21
3	30	»	4	50	»	13	4	37	»	44	4	81
4	40	»	6	»	»	18	5	82	»	59	6	41
5	50	»	7	50	»	22	7	28	»	73	8	01
6	60	»	9	»	»	27	8	73	»	88	9	61
7	70	»	10	50	»	31	10	19	1	02	11	21
8	80	»	12	»	»	36	11	64	1	17	12	81
9	90	»	13	50	»	40	13	10	1	31	14	41
10	100	»	15	»	»	45	14	55	1	46	16	01
20	200	»	30	»	»	90	29	10	2	91	32	01
30	300	»	45	»	1	35	43	65	4	37	48	02
40	400	»	60	»	1	80	58	20	5	82	64	02
50	500	»	75	»	2	25	72	75	7	28	80	03
60	600	»	90	»	2	70	87	30	8	73	96	03
70	700	»	105	»	3	15	101	85	10	19	112	04
80	800	»	120	»	3	60	116	40	11	64	128	04
90	900	»	135	»	4	05	130	95	13	10	144	05
100	1000	»	150	»	4	50	145	50	14	55	160	05

A 15 CENTIMES LE LITRE,

Litres.	Valeur.		DROIT DE DÉTAIL.														
			15 pour 100.			Déduction du 3 pour 100.			Net.			Décime.			Total.		
	fr.	c.	fr.	c.	mil.	fr.	c.	mil.	fr.	c.	mil.	fr.	c.	mil.	fr.	c.	mil.
1	»	15	»	02	25	»	»	06	»	02	19	»	»	22	»	2	41
2	»	30	»	04	50	»	»	13	»	04	37	»	»	44	»	4	81
3	»	45	»	06	75	»	»	20	»	06	55	»	»	66	»	7	21
4	»	60	»	09	»	»	»	27	»	08	73	»	»	88	»	9	61
5	»	75	»	11	25	»	»	33	»	10	92	»	1	10	»	12	02
6	»	90	»	13	50	»	»	40	»	13	10	»	1	31	»	14	41
7	1	05	»	15	75	»	»	47	»	15	28	»	1	53	»	16	81
8	1	20	»	18	»	»	»	54	»	17	46	»	1	75	»	19	21
9	1	35	»	20	25	»	»	60	»	19	65	»	1	97	»	21	62
10	1	50	»	22	50	»	»	67	»	21	83	»	2	19	»	24	02
20	3	»	»	45	»	»	01	35	»	43	65	»	4	37	»	48	02
30	4	50	»	67	50	»	02	02	»	65	48	»	6	55	»	72	03
40	6	»	»	90	»	»	02	70	»	87	30	»	8	73	»	96	03
50	7	50	1	12	50	»	03	37	1	09	13	»	10	92	1	20	05
60	9	»	1	35	»	»	04	05	1	30	95	»	13	10	1	44	05
70	10	50	1	57	50	»	04	72	1	52	78	»	15	28	1	68	06
80	12	»	1	80	»	»	05	40	1	74	60	»	17	46	1	92	06
90	13	50	2	02	50	»	06	07	1	96	43	»	19	65	2	16	08
100	15	»	2	25	»	»	06	75	2	18	25	»	21	83	2	40	08

OU A 15 FRANCS L'HECTOLITRE.

Hectolitres.	Valeur.		DROITS DE DÉTAIL. 15 pour 100.		Déduction du 3 pour 100.		Net.		Décime.		Total.	
	fr.	c.	fr.	c.	fr.	c.	fr.	c.	fr.	c.	fr.	c.
1	15	»	2	25	»	06	2	19	»	22	2	41
2	30	»	4	50	»	13	4	37	»	44	4	81
3	45	»	6	75	»	20	6	55	»	66	7	21
4	60	»	9	»	»	27	8	73	»	88	9	61
5	75	»	11	25	»	33	10	92	1	10	12	02
6	90	»	13	50	»	40	13	10	1	31	14	41
7	105	»	15	75	»	47	15	28	1	53	16	81
8	120	»	18	»	»	54	17	46	1	75	19	21
9	135	»	20	25	»	60	19	65	1	97	21	62
10	150	»	22	50	»	67	21	83	2	19	24	02
20	300	»	45	»	1	35	43	65	4	37	48	02
30	450	»	67	50	2	02	65	48	6	55	72	03
40	600	»	90	»	2	70	87	30	8	73	96	03
50	750	»	112	50	3	37	109	13	10	92	120	05
60	900	»	135	»	4	05	130	95	13	10	144	05
70	1050	»	157	50	4	72	152	78	15	28	168	06
80	1200	»	180	»	5	40	174	60	17	46	192	06
90	1350	»	202	50	6	07	196	43	19	65	216	08
100	1500	»	225	»	6	75	218	25	21	83	240	08

A 20 CENTIMES LE LITRE,

Litres.	Valeur.		DROITS DE DÉTAIL.														
			15 pour 100.			Déduction du 3 pour 100.			Net.			Décime.			Total.		
	fr.	c.	fr.	c.	mil	fr.	c.	mil.	fr.	c.	mil.	fr.	c.	mil.	fr.	c.	mil.
1	»	20	»	03	»	»	»	09	»	2	91	»	»	30	»	3	21
2	»	40	»	06	»	»	»	18	»	5	82	»	»	59	»	6	41
3	»	60	»	09	»	»	»	27	»	8	73	»	»	88	»	9	6[illegible]
4	»	80	»	12	»	»	»	36	»	11	64	»	01	17	»	12	8[illegible]
5	1	»	»	15	»	»	»	45	»	14	55	»	01	46	»	16	01
6	1	20	»	18	»	»	»	54	»	17	46	»	01	75	»	19	21
7	1	40	»	21	»	»	»	63	»	20	37	»	02	04	»	22	41
8	1	60	»	24	»	»	»	72	»	23	28	»	02	33	»	25	6[illegible]
9	1	80	»	27	»	»	»	81	»	26	19	»	02	62	»	28	8[illegible]
10	2	»	»	30	»	»	»	90	»	29	10	»	02	91	»	32	01
20	4	»	»	60	»	»	1	80	»	58	20	»	05	82	»	64	02
30	6	»	»	90	»	»	2	70	»	87	30	»	08	73	»	96	03
40	8	»	1	20	»	»	3	60	1	16	40	»	11	64	1	28	04
50	10	»	1	50	»	»	4	50	1	45	50	»	14	55	1	60	05
60	12	»	1	80	»	»	5	40	1	74	60	»	17	46	1	92	06
70	14	»	2	10	»	»	6	30	2	03	70	»	20	37	2	24	07
80	16	»	2	40	»	»	7	20	2	32	80	»	23	28	2	56	08
90	18	»	2	70	»	»	8	10	2	61	90	»	26	19	2	88	09
100	20	»	3	»	»	»	9	»	2	91	»	»	29	10	3	20	10

OU A 20 FRANCS L'HECTOLITRE.

Hectolitres.	Valeur.		DROITS DE DÉTAIL. 15 pour 100.		Déduction du 3 pour 100.		Net.		Décime.		Total.	
	fr.	c.	fr.	c.	fr.	c.	fr.	c.	fr.	c.	fr.	c.
1	20	»	3	»	»	9	2	91	»	30	3	21
2	40	»	6	»	»	18	5	82	»	59	6	41
3	60	»	9	»	»	27	8	73	»	88	9	61
4	80	»	12	»	»	36	11	64	1	17	12	81
5	100	»	15	»	»	45	14	55	1	46	16	01
6	120	»	18	»	»	54	17	46	1	75	19	21
7	140	»	21	»	»	63	20	37	2	04	22	41
8	160	»	24	»	»	72	23	28	2	33	25	61
9	180	»	27	»	»	81	26	19	2	62	28	81
10	200	»	30	»	»	90	29	10	2	91	32	01
20	400	»	60	»	1	80	58	20	5	82	64	02
30	600	»	90	»	2	70	87	30	8	73	96	03
40	800	»	120	»	3	60	116	40	11	64	128	04
50	1000	»	150	»	4	50	145	50	14	55	160	05
60	1200	»	180	»	5	40	174	60	17	46	192	06
70	1400	»	210	»	6	30	203	70	20	37	224	07
80	1600	»	240	»	7	20	232	80	23	28	256	08
90	1800	»	270	»	8	10	261	90	26	19	288	09
100	2000	»	300	»	9	»	291	»	29	10	320	10

A 25 CENTIMES LE LITRE,

Litres	Valeur.		DROITS DE DÉTAIL.															
			15 pour 100.			Déduction. du 3 pour 100.			Net.			Décime			Total.		
	fr.	c.	fr.	c.	mil.	fr.	c.	mil.	fr.	c.	mil.	fr.	c.	mil.	fr.	n.	mil.
1	»	25	»	03	75	»	»	11	»	3	64	»	»	37	»	4	01
2	»	50	»	07	50	»	»	22	»	7	28	»	»	73	»	8	01
3	»	75	»	11	25	»	»	33	»	10	92	»	1	10	»	12	02
4	1	»	»	15	»	»	»	45	»	14	55	»	1	46	»	16	01
5	1	25	»	18	75	»	»	56	»	18	19	»	1	82	»	20	01
6	1	50	»	22	50	»	»	67	»	21	83	»	2	19	»	24	02
7	1	75	»	26	25	»	»	78	»	25	47	»	2	55	»	28	02
8	2	»	»	30	»	»	»	90	»	29	10	»	2	91	»	32	01
9	2	25	»	33	75	»	1	01	»	32	74	»	3	28	»	36	02
10	2	50	»	37	50	»	1	12	»	36	38	»	3	64	»	40	02
20	5	»	»	75	»	»	2	25	»	72	75	»	7	28	»	80	03
30	7	50	1	12	50	»	3	37	1	09	13	»	10	92	1	20	05
40	10	»	1	50	»	»	4	50	1	45	50	»	14	55	1	60	05
50	12	50	1	87	50	»	5	62	1	81	88	»	18	19	2	00	07
60	15	»	2	25	»	»	6	75	2	18	25	»	21	83	2	40	08
70	17	50	2	62	50	»	7	87	2	54	63	»	25	47	2	80	10
80	20	»	3	»	»	»	9	»	2	91	»	»	29	10	3	20	10
90	22	50	3	37	50	»	10	12	3	27	38	»	32	74	3	60	12
100	25	»	3	75	»	»	11	25	3	63	75	»	36	38	4	00	13

OU A 25 FRANCS L'HECTOLITRE.

Hectolitres.	Valeur.		DROITS DE DÉTAIL. 15 pour 100.		Déduction du 3 pour 100.		Net.		Décime.		Total.	
	fr.	c.	fr.	c.	fr.	c.	fr.	c.	fr.	c.	fr.	c.
1	25	»	3	75	»	11	3	64	»	37	4	01
2	50	»	7	50	»	22	7	28	»	73	8	01
3	75	»	11	25	»	33	10	92	1	10	12	02
4	100	»	15	»	»	45	14	55	1	46	16	01
5	125	»	18	75	»	56	18	19	1	82	20	01
6	150	»	22	50	»	67	21	83	2	19	24	02
7	175	»	26	25	»	78	25	47	2	55	28	02
8	200	»	30	»	»	90	29	10	2	91	32	01
9	225	»	33	75	1	01	32	74	3	28	36	02
10	250	»	37	50	1	12	36	38	3	64	40	02
20	500	»	75	»	2	25	72	75	7	28	80	03
30	750	»	112	50	3	37	109	13	10	92	120	05
40	1000	»	150	»	4	50	145	50	14	55	160	05
50	1250	»	187	50	5	62	181	88	18	19	200	07
60	1500	»	225	»	6	75	218	25	21	83	240	08
70	1750	»	262	50	7	87	254	63	25	47	280	10
80	2000	»	300	»	9	»	291	»	29	10	320	10
90	2250	»	337	50	10	12	327	38	32	74	360	12
100	2500	»	375	»	11	25	363	75	36	38	400	13

A 30 CENTIMES LE LITRE,

Litres.	Valeur.		DROITS DE DÉTAIL. 15 pour 100.			Déduction du 3 pour 100.			Net.			Décime			Total.		
	fr.	c.	fr.	c.	mil	fr.	c.	mil.	fr.	c.	mil.	fr.	c.	mil.	fr.	c.	mil.
1	»	30	»	04	50	»	»	13	»	4	37	»	»	44	»	4	81
2	»	60	»	09	»	»	»	27	»	8	73	»	»	88	»	9	61
3	»	90	»	13	50	»	»	40	»	13	10	»	1	31	»	14	41
4	1	20	»	18	»	»	»	54	»	17	46	»	1	75	»	19	21
5	1	50	»	22	50	»	»	67	»	21	83	»	2	19	»	24	02
6	1	80	»	27	»	»	»	81	»	26	19	»	2	62	»	28	81
7	2	10	»	31	50	»	»	94	»	30	56	»	3	06	»	33	62
8	2	40	»	36	»	»	1	08	»	34	92	»	3	50	»	38	42
9	2	70	»	40	50	»	1	21	»	39	29	»	3	93	»»	43	22
10	3	»	»	45	»	»	1	35	»	43	65	»	4	37	»	48	02
20	6	»	»	90	»	»	2	70	»	87	30	»	8	73	»	96	03
30	9	»	1	35	»	»	4	05	1	30	95	»	13	10	1	44	05
40	12	»	1	80	»	»	5	40	1	74	60	»	17	46	1	92	06
50	15	»	2	25	»	»	6	75	2	18	25	»	21	83	2	40	08
60	18	»	2	70	»	»	8	10	2	61	90	»	26	19	2	88	09
70	21	»	3	15	»	»	9	45	3	05	55	»	30	56	3	36	11
80	24	»	3	60	»	»	10	80	3	49	20	»	34	92	3	84	12
90	27	»	4	05	»	»	12	15	3	92	85	»	39	29	4	32	14
100	30	»	4	50	»	»	13	50	4	36	50	»	43	65	4	80	15

OU A 50 FRANCS L'HECTOLITRE.

Valeur.		DROITS DE DÉTAIL. 15 pour 100.		Déduction du 3 pour 100.		Net.		Décime.		Total.	
fr.	c.	fr.	c.	fr.	c.	fr.	c.	fr.	c.	fr.	c.
30	»	4	50	»	13	4	37	»	44	4	81
60	»	9	»	»	27	8	73	»	88	9	61
90	»	13	50	»	40	13	10	1	31	14	41
120	»	18	»	»	54	17	46	1	75	19	21
150	»	22	50	»	67	21	83	2	19	24	02
180	»	27	»	»	81	26	19	2	62	28	81
210	»	31	50	»	94	30	56	3	06	33	62
240	»	36	»	1	08	34	92	3	50	38	42
270	»	40	50	1	21	39	29	3	93	43	22
300	»	45	»	1	35	43	65	4	37	48	02
600	»	90	»	2	70	87	30	8	73	96	03
900	»	135	»	4	05	130	95	13	10	144	05
1200	»	180	»	5	40	174	60	17	46	192	06
1500	»	225	»	6	75	218	25	21	83	240	08
1800	»	270	»	8	10	261	90	26	19	288	09
2100	»	315	»	9	45	305	55	30	56	336	11
2400	»	360	»	10	80	349	20	34	92	384	12
2700	»	405	»	12	15	392	85	39	29	432	14
3000	»	450	»	13	50	436	50	43	65	480	15

A 35 CENTIMES LE LITRE,

Litres.	Valeur.		DROITS DE DÉTAIL.														
			15 pour 100.			Déduction du 3 pour 100.			Net.			Décime.			Total.		
	fr.	c.	fr.	c.	mil.	fr.	c.	mil.	fr.	c.	mil.	fr.	c.	mil	fr.	c.	mi
1	»	35	»	05	25	»	»	15	»	05	10	»	»	51	»	05	61
2	»	70	»	10	50	»	»	31	»	10	19	»	1	02	»	11	21
3	1	05	»	15	75	»	»	47	»	15	28	»	1	53	»	16	81
4	1	40	»	21	»	»	»	63	»	20	37	»	2	04	»	22	41
5	1	75	»	26	25	»	»	78	»	25	47	»	2	55	»	28	02
6	2	10	»	31	50	»	»	94	»	30	56	»	3	06	»	33	62
7	2	45	»	36	75	»	01	10	»	35	65	»	3	57	»	39	22
8	2	80	»	42	»	»	01	26	»	40	74	»	4	08	»	44	82
9	3	15	»	47	25	»	01	41	»	45	84	»	4	59	»	50	43
10	3	50	»	52	50	»	01	57	»	50	93	»	5	10	»	56	03
20	7	»	1	05	»	»	03	15	1	01	85	»	10	19	1	12	04
30	10	50	1	57	50	»	04	72	1	52	78	»	15	28	1	68	06
40	14	»	2	10	»	»	06	30	2	03	70	»	20	37	2	24	07
50	17	50	2	62	50	»	07	87	2	54	63	»	25	47	2	80	10
60	21	»	3	15	»	»	09	45	3	05	55	»	30	56	3	36	11
70	24	50	3	67	50	»	11	02	3	56	48	»	35	65	3	92	13
80	28	»	4	20	»	»	12	60	4	07	40	»	40	74	4	48	14
90	31	50	4	72	50	»	14	17	4	58	33	»	45	84	5	04	17
100	35	»	5	25	»	»	15	75	5	09	25	»	50	93	5	60	18

OU A 35 FRANCS L'HECTOLITRE.

	Valeur.		DROITS DE DÉTAIL.									
			15 pour cent.		Déduction du 3 pour 100.		Net.		Décime.		Total,	
	fr.	c.	fr.	c.	fr.	c	fr.	c.	fr.	c.	fr.	c.
1	35	»	5	25	»	15	5	10	»	51	5	61
2	70	»	10	50	»	31	10	19	1	02	11	21
3	105	»	15	75	»	47	15	28	1	53	16	81
4	140	»	21	»	»	63	20	37	2	04	22	41
5	175	»	26	25	»	78	25	47	2	55	28	02
6	210	»	31	50	»	94	30	56	3	06	33	62
7	245	»	36	75	1	10	35	65	3	57	39	22
8	280	»	42	»	1	26	40	74	4	08	44	82
9	315	»	47	25	1	41	45	84	4	59	50	43
10	350	»	52	50	1	57	50	93	5	10	56	03
20	700	»	105	»	3	15	101	85	10	19	112	04
30	1050	»	157	50	4	72	152	78	15	28	168	06
40	1400	»	210	»	6	30	203	70	20	37	224	07
50	1750	»	262	50	7	87	254	63	25	47	280	10
60	2100	»	315	»	9	45	305	55	30	56	336	11
70	2450	»	367	50	11	02	356	48	35	65	392	13
80	2800	»	420	»	12	60	407	40	40	74	448	14
90	3150	»	472	50	14	17	458	33	45	84	504	17
100	3500	»	525	»	15	75	509	25	50	93	560	18

2

A 40 CENTIMES LE LITRE.

Litres.	Valeur.		DROITS DE DÉTAIL.															
			15 pour 100.			Déduction du 3 pour 100.			Net.			Décime.			Total.		
	fr	c.	fr.	c.	mil.	fr.	c.	mil.	fr.	c.	mil.	fr.	c.	mil.	fr.	c.	mil.
1	»	40	»	06	»	«	»	18	»	5	82	»	»	59	»	6	41
2	»	80	»	12	»	»	»	36	»	11	64	»	01	17	»	12	81
3	1	20	»	18	»	»	»	54	»	17	46	»	1	75	»	19	21
4	1	60	»	24	»	»	»	72	»	23	28	»	2	33	»	25	61
5	2	»	»	30	»	»	»	90	»	29	10	»	2	91	»	32	01
6	2	40	»	36	»	»	1	08	»	34	92	»	3	50	»	38	42
7	2	80	»	42	»	»	1	26	»	40	74	»	4	08	»	44	82
8	3	20	»	48	»	»	1	44	»	46	56	»	4	66	»	51	22
9	3	60	»	54	»	»	1	62	»	52	38	»	5	24	»	57	62
10	4	»	»	60	»	»	1	80	»	58	20	»	5	82	»	64	02
20	8	»	1	20	»	»	3	60	1	16	40	»	11	64	1	28	04
30	12	»	1	80	»	»	5	40	1	74	60	»	17	46	1	92	06
40	16	»	2	40	»	»	7	20	2	32	80	»	23	28	2	56	08
50	20	»	3	»	»	»	9	»	2	91	»	»	29	10	3	20	10
60	24	»	3	60	»	»	10	80	3	49	20	»	34	92	3	84	12
70	28	»	4	20	»	»	12	60	4	07	40	»	40	74	4	48	14
80	32	»	4	80	»	»	14	40	4	65	60	»	46	56	5	12	16
90	36	»	5	40	»	»	16	20	5	23	80	»	52	38	5	76	18
100	40	»	6	»	»	»	18	»	5	82	»	»	58	20	6	40	20

OU A 40 FRANCS L'HECTOLITRE.

Hectolitres.	Valeur.		DROITS DE DÉTAIL.									
			15 pour 100.		Déduction du 3 pour 100.		Net.		Décime.		Total.	
	fr.	c.	fr.	c.	fr.	c.	fr.	c.	fr.	c.	fr.	c.
1	40	»	6	»	»	18	5	82	»	59	6	41
2	80	»	12	»	»	36	11	64	1	17	12	81
3	120	»	18	»	»	54	17	46	1	75	19	21
4	160	»	24	»	»	72	23	28	2	33	25	61
5	200	»	30	»	»	90	29	10	2	91	32	01
6	240	»	36	»	1	08	34	92	3	50	38	42
7	280	»	42	»	1	26	40	74	4	08	44	82
8	320	»	48	»	1	44	46	56	4	66	51	22
9	360	»	54	»	1	62	52	38	5	24	57	62
10	400	»	60	»	1	80	58	20	5	82	64	02
20	800	»	120	»	3	60	116	40	11	64	128	04
30	1200	»	180	»	5	40	174	60	17	46	192	06
40	1600	»	240	»	7	20	232	80	23	28	256	08
50	2000	»	300	»	9	»	291	»	29	10	320	10
60	2400	»	360	»	10	80	349	20	34	92	384	12
70	2800	»	420	»	12	60	407	40	40	74	448	14
80	3200	»	480	»	14	40	465	60	46	56	512	16
90	3600	»	540	»	16	20	523	80	52	38	576	18
100	4000	»	600	»	18	»	582	»	58	20	640	20

A 45 CENTIMES LE LITRE,

Litres.	Valeur.		DROITS DE DÉTAIL. 15 pour 100.			Déduction du 3 pour 100.			Net.			Décime			Total.		
	fr.	c.	fr.	c.	mil.	fr.	c.	mil.	fr.	c.	mil.	fr.	c.	mil.	fr.	c	mil
1	»	45	»	6	75	»	»	20	»	06	55	»	»	66	»	7	21
2	»	90	»	13	50	»	»	40	»	13	10	»	1	31	»	14	41
3	1	35	»	20	25	»	»	60	»	19	65	»	1	97	»	21	62
4	1	80	»	27	»	»	»	81	»	26	19	»	2	62	»	28	81
5	2	25	»	33	75	»	01	01	»	32	74	»	3	28	»	36	02
6	2	70	»	40	50	»	01	21	»	39	29	»	3	93	»	43	22
7	3	15	»	47	25	»	01	41	»	45	84	»	4	59	»	50	43
8	3	60	»	54	»	»	01	62	»	52	38	»	5	24	»	57	62
9	4	05	»	60	75	»	01	82	»	58	93	»	5	90	»	64	83
10	4	50	»	67	50	»	02	02	»	65	48	»	6	55	»	72	03
20	9	»	1	35	»	»	04	05	1	30	95	»	13	10	1	44	05
30	13	50	2	02	50	»	06	07	1	96	43	»	19	65	2	16	08
40	18	»	2	70	»	»	08	10	2	61	90	»	26	19	2	88	09
50	22	50	3	37	50	»	10	12	3	27	38	»	32	74	3	60	12
60	27	»	4	05	»	»	12	15	3	92	85	»	39	29	4	32	14
70	31	50	4	72	50	»	14	17	4	58	33	»	45	84	5	04	17
80	36	»	5	40	»	»	16	20	5	23	80	»	52	38	5	76	18
90	40	50	6	07	50	»	18	22	5	89	28	»	58	93	6	48	21
100	45	»	6	75	»	»	20	25	6	54	75	»	65	48	7	20	23

OU A 45 FRANCS L'HECTOLITRE.

	Valeur.		DROITS DE DÉTAIL.									
			15 pour 100.		Déduction du 3 pour 100.		Net.		Décime.		Total.	
	fr.	c.	fr.	c.	fr.	c.	fr.	c.	fr.	c.	fr.	c.
1	45	»	6	75	»	20	6	55	»	66	7	21
2	90	»	13	50	»	40	13	10	1	31	14	41
3	135	»	20	25	»	60	19	65	1	97	21	62
4	180	»	27	»	»	81	26	19	2	62	28	81
5	225	»	33	75	01	01	32	74	3	28	36	02
6	270	»	40	50	01	21	39	29	3	93	43	22
7	315	»	47	25	01	41	45	84	4	59	50	43
8	360	»	54	»	01	62	52	38	5	24	57	62
9	405	»	60	75	01	82	58	93	5	90	64	83
0	450	»	67	50	02	02	65	48	6	55	72	30
0	900	»	135	»	04	05	130	95	13	10	144	05
0	1350	»	202	50	06	07	196	43	19	65	216	30
40	1800	»	270	»	08	10	261	90	26	19	288	09
50	2250	»	337	50	10	12	327	38	32	74	360	12
60	2700	»	405	»	12	15	392	85	39	29	432	14
70	3150	»	472	50	14	17	458	33	45	84	504	17
80	3600	»	540	»	16	20	523	80	52	38	576	18
90	4050	»	607	50	18	22	589	28	58	93	648	21
00	4500	»	675	»	20	25	654	75	65	48	720	23

A 50 CENTIMES LE LITRE,

Litres.	Valeur.		DROITS DE DÉTAIL.														
			15 pour 100.			Déduction du 3 pour 100.			Net.			Décime.			Total.		
	fr.	c.	fr.	c.	mil	fr.	c.	mil.	fr.	c.	mil.	fr.	c.	mil.	fr.	c.	mil
1	»	50	»	07	50	»	»	22	»	07	28	»	»	73	»	8	0
2	1	»	»	15	»	»	»	45	»	14	55	»	01	46	»	16	0
3	1	50	»	22	50	»	»	67	»	21	83	»	2	19	»	24	0
4	2	»	»	30	»	»	»	90	»	29	10	»	2	91	»	32	0
5	2	50	»	37	50	»	01	12	»	36	38	»	3	64	»	40	0
6	3	»	»	45	»	»	01	35	»	43	65	»	4	37	»	48	02
7	3	50	»	52	50	»	01	57	»	50	93	»	5	10	»	56	03
8	4	»	»	60	»	»	01	80	»	58	20	»	5	82	»	64	02
9	4	50	»	67	50	»	02	02	»	65	48	»	6	55	»	72	03
10	5	»	»	75	»	»	02	25	»	72	75	»	7	28	»	80	03
20	10	»	1	50	»	»	04	50	1	45	50	»	14	55	1	60	05
30	15	»	2	25	»	»	06	75	2	18	25	»	21	83	2	40	08
40	20	»	3	»	»	»	09	»	2	91	»	»	29	10	3	20	10
50	25	»	3	75	»	»	11	25	3	63	75	»	36	38	4	00	13
60	30	»	4	50	»	»	13	50	4	36	50	»	43	65	4	80	15
70	35	»	5	25	»	»	15	75	5	09	25	»	50	93	5	60	18
80	40	»	6	»	»	»	18	»	5	82	»	»	58	20	6	40	20
90	45	»	6	75	»	»	20	25	6	54	75	»	65	48	7	20	23
100	50	»	7	50	»	»	22	50	7	27	50	»	72	75	8	00	25

OU A 50 FRANCS L'HECTOLITRE.												
Hectolitres.	Valeur.		DROITS DE DÉTAIL.									
			15 pour 100.		Déduction du 3 pour 100.		Net.		Décime.		Total.	
	fr.	c.	fr.	c.	fr.	c.	fr.	c.	fr.	c.	fr.	c.
1	50	»	7	50	»	2	7	28	»	73	8	01
2	100	»	15	»	»	45	14	55	1	46	16	01
3	150	»	22	50	»	67	21	83	2	19	24	02
4	200	»	30	»	»	90	29	10	2	91	32	01
5	250	»	37	50	1	12	36	38	3	64	40	02
6	300	»	45	»	1	35	43	65	4	37	48	02
7	350	»	52	50	1	57	50	93	5	10	56	03
8	400	»	60	»	1	80	58	20	5	82	64	02
9	450	»	67	50	2	02	65	48	6	55	72	03
10	500	»	75	»	2	25	72	75	7	28	80	03
20	1000	»	150	»	4	50	145	50	14	55	160	05
30	1500	»	225	»	6	75	218	25	21	83	240	08
40	2000	»	300	»	9	»	291	»	29	10	320	10
50	2500	»	375	»	11	25	363	75	36	38	400	13
60	3000	»	450	»	13	50	436	50	43	65	480	15
70	3500	»	525	»	15	75	509	25	50	93	560	18
80	4000	»	600	»	18	»	582	»	58	20	640	20
90	4500	»	675	»	20	25	654	75	65	48	720	23
100	5000	»	750	»	22	50	727	50	72	75	800	25

A 55 CENTIMES LE LITRE,

Litres.	Valeur.		DROITS DE DÉTAIL. 15 pour 100.			Déduction du 3 pour 100.			Net.			Décime.			Total.		
	fr.	c.	fr.	c.	mil.	fr.	c.	mil.	fr.	c.	mil.	fr.	c.	mil.	fr.	c.	mil.
1	»	55	»	08	25	»	»	24	»	08	01	»	»	81	»	8	82
2	1	10	»	16	50	»	»	49	»	16	01	»	1	61	»	17	62
3	1	65	»	24	75	»	»	74	»	24	01	»	2	41	»	26	42
4	2	20	»	33	»	»	»	99	»	32	01	»	3	21	»	35	22
5	2	75	»	41	25	»	01	23	»	40	02	»	4	01	»	44	03
6	3	30	»	49	50	»	01	48	»	48	02	»	4	81	»	52	83
7	3	85	»	57	75	»	01	73	»	56	02	»	5	61	»	61	63
8	4	40	»	66	»	»	01	98	»	64	02	»	6	41	»	70	43
9	4	95	»	74	25	»	02	22	»	72	03	»	7	21	»	79	24
10	5	50	»	82	50	»	02	47	»	80	03	»	8	01	»	88	04
20	11	»	1	65	»	»	04	95	1	60	05	»	16	01	1	76	06
30	16	50	2	47	50	»	07	42	2	40	08	»	24	01	2	64	09
40	22	»	3	30	»	»	09	90	3	20	10	»	32	01	3	52	11
50	27	50	4	12	50	»	12	37	4	»	13	»	40	02	4	40	15
60	33	»	4	95	»	»	14	85	4	80	15	»	48	02	5	20	17
70	38	50	5	77	50	»	17	32	5	60	18	»	56	02	6	16	20
80	44	»	6	60	»	»	19	80	6	40	20	»	64	02	7	04	22
90	49	50	7	42	50	»	22	27	7	20	23	»	72	03	7	92	26
100	55	»	8	25	»	»	24	75	8	»	25	»	80	03	8	80	28

OU A 55 FRANCS L'HECTOLITRE.

Hectolitres.	Valeur.		DROITS DE DÉTAIL. 15 pour 100.		Déduction du 3 pour 100.		Net.		Décime.		Total.	
	fr.	c.	fr.	c.	fr	c.	fr.	c.	fr.	c.	fr.	c.
1	55	»	8	25	»	24	8	01	»	81	8	82
2	110	»	16	50	»	49	16	01	1	61	17	62
3	165	»	24	75	»	74	24	01	2	41	26	42
4	220	»	33	»	»	99	32	01	3	21	35	22
5	275	»	41	25	1	23	40	02	4	01	44	03
6	330	»	49	50	1	48	48	02	4	81	52	83
7	385	»	57	75	1	73	56	02	5	61	61	63
8	440	»	66	»	1	98	64	02	6	41	70	43
9	495	»	74	25	2	22	72	03	7	21	79	24
10	550	»	82	50	2	47	80	03	8	01	88	04
20	1100	»	165	»	4	95	160	05	16	01	176	06
30	1650	»	247	50	7	42	240	08	24	01	264	09
40	2200	»	330	»	9	90	320	10	32	01	352	11
50	2750	»	412	50	12	37	400	13	40	02	440	15
60	3300	»	495	»	14	85	480	15	48	02	528	17
70	3850	»	577	50	17	32	560	18	56	02	616	20
80	4400	»	660	»	19	80	640	20	64	02	704	22
90	4950	»	742	50	22	27	720	23	72	03	792	26
100	5500	»	825	»	24	75	800	25	80	03	880	28

A 60 CENTIMES LE LITRE,

Litres.	Valeur.		DROIT DE DÉTAIL.															
			15 pour 100.			Déduction du 3 pour 100.			Net.			Décime.			Total.			
	fr.	c.	fr.	c.	mil.	fr.	c.	mil.	fr.	c.	mil.	fr.	c.	mil.	fr.	c.	mil.
1	»	60	»	09	»	»	»	27	»	8	73	»	»	88	»	9	61
2	1	20	»	18	»	»	»	54	»	17	46	»	1	75	»	19	21
3	1	80	»	27	»	»	»	81	»	26	19	»	2	62	»	28	81
4	2	40	»	36	»	»	1	08	»	34	92	»	3	50	»	38	42
5	3	»	»	45	»	»	1	35	»	43	65	»	4	37	»	48	02
6	3	60	»	54	»	»	1	62	»	52	38	»	5	24	»	57	62
7	4	20	»	63	»	»	1	89	»	61	11	»	6	12	»	67	23
8	4	80	»	72	»	»	2	16	»	69	84	»	6	99	»	76	83
9	5	40	»	81	»	»	2	43	»	78	57	»	7	86	»	86	43
10	6	»	»	90	»	»	2	70	»	87	30	»	8	73	»	96	03
20	12	»	1	80	»	»	5	40	1	74	60	»	17	46	1	92	06
30	18	»	2	70	»	»	8	10	2	61	90	»	26	19	2	88	09
40	24	»	3	60	»	»	10	80	3	49	20	»	34	92	3	84	12
50	30	»	4	50	»	»	13	50	4	36	50	»	43	65	4	80	15
60	36	»	5	40	»	»	16	20	5	23	80	»	52	38	5	76	18
70	42	»	6	30	»	»	18	90	6	11	10	»	61	11	6	72	21
80	48	»	7	20	»	»	21	60	6	98	40	»	69	84	7	68	24
90	54	»	8	10	»	»	24	30	7	85	70	»	78	57	8	64	27
100	60	»	9	»	»	»	27	»	8	73	»	»	87	30	9	60	30

OU A 60 FRANCS L'HECTOLITRE.

	Valeur.		DROITS DE DÉTAIL.									
			15 pour 100.		Déduction du 3 pour 100.		Net.		Décime.		Total.	
	fr.	c.	fr.	c.	fr.	c.	fr.	c.	fr.	c.	fr.	c.
1	60	»	09	»	»	27	8	73	»	88	9	61
2	120	»	18	»	»	54	17	46	1	75	19	21
3	180	»	27	»	»	81	26	19	2	62	28	81
4	240	»	36	»	1	08	34	92	3	50	38	42
5	300	»	45	»	1	35	43	65	4	37	48	02
6	360	»	54	»	1	62	52	38	5	24	57	62
7	420	»	63	»	1	89	61	11	6	12	67	23
8	480	»	72	»	2	16	69	84	6	99	76	83
9	540	»	81	»	2	43	78	57	7	86	86	43
o	600	»	90	»	2	70	87	30	8	73	96	03
o	1200	»	180	»	5	40	174	60	17	46	192	06
o	1800	»	270	»	8	10	261	90	26	19	288	09
40	2400	»	360	»	10	80	349	20	34	92	384	12
50	3000	»	450	»	13	50	436	50	43	65	480	15
60	3600	»	540	»	16	20	523	80	52	38	576	18
70	4200	»	630	»	18	90	611	10	61	11	672	21
80	4800	»	720	»	21	60	698	40	69	84	768	24
90	5400	»	810	»	24	30	785	70	78	57	864	27
00	6000	»	900	»	27	»	873	»	87	30	960	30

A 65 CENTIMES LE LITRE,

Litres.	Valeur.		DROITS DE DÉTAIL. 15 pour 100.			Déduction du 3 pour 100.			Net.			Décime.			Total.		
	fr.	c.	fr.	c.	mil.	fr.	c.	mil.	fr.	c.	mil.	fr.	c.	mil.	fr.	c.	mil.
1	»	65	»	9	75	»	»	29	»	9	46	»	»	95	»	10	41
2	1	30	»	19	50	»	»	58	»	18	92	»	1	90	»	20	82
3	1	95	»	29	25	»	»	87	»	28	38	»	2	84	»	31	22
4	2	60	»	39	»	»	1	17	»	37	83	»	3	79	»	41	62
5	3	25	»	48	75	»	1	46	»	47	29	»	4	73	»	52	02
6	3	90	»	58	50	»	1	75	»	56	75	»	5	68	»	62	43
7	4	55	»	68	25	»	2	04	»	66	21	»	6	63	»	72	84
8	5	20	»	78	»	»	2	34	»	75	66	»	7	57	»	83	23
9	5	85	»	87	75	»	2	63	»	85	12	»	8	52	»	93	64
10	6	50	»	97	50	»	2	92	»	94	58	»	9	46	1	04	04
20	13	»	1	95	»	»	5	85	1	89	15	»	18	92	2	08	07
30	19	50	2	92	50	»	8	77	2	83	73	»	28	38	3	12	11
40	26	»	3	90	»	»	11	70	3	78	30	»	37	83	4	16	13
50	32	50	4	87	50	»	14	62	4	72	88	»	47	29	5	20	17
60	39	»	5	85	»	»	17	55	5	67	45	»	56	75	6	24	20
70	45	50	6	82	50	»	20	47	6	62	03	»	66	21	7	28	24
80	52	»	7	80	»	»	23	40	7	56	60	»	75	66	8	32	26
90	58	50	8	77	50	»	26	32	8	51	18	»	85	12	9	36	30
100	65	»	9	75	»	»	29	25	9	45	75	»	94	58	10	40	33

OU A 65 FRANCS L'HECTOLITRE.

	Valeur.		DROITS DE DÉTAIL. 15 pour 100.		Déduction du 3 pour 100.		Net.		Décime.		Total.	
	fr.	c.	fr.	c.	fr.	c.	fr.	c.	fr.	c.	fr.	c.
1	65	»	9	75	»	29	9	46	»	95	10	41
2	130	»	19	50	»	58	18	92	1	90	20	82
3	195	»	29	25	»	87	28	38	2	84	31	22
4	260	»	39	»	1	17	37	83	3	79	41	62
5	325	»	48	75	1	46	47	29	4	73	52	02
6	390	»	58	50	1	75	56	75	5	68	62	43
7	455	»	68	25	2	04	66	21	6	63	72	84
8	520	»	78	»	2	34	75	66	7	57	83	23
9	585	»	87	75	2	63	85	12	8	52	93	64
0	650	»	97	50	2	92	94	58	9	46	104	04
0	1300	»	195	»	5	85	189	15	18	92	208	07
0	1950	»	292	50	8	77	283	73	28	38	312	11
40	2600	»	390	»	11	70	378	30	37	83	416	13
50	3250	»	487	50	14	62	472	88	47	29	520	17
60	3900	»	585	»	17	55	567	45	56	75	624	20
70	4550	»	682	50	20	47	662	03	66	21	728	24
80	5200	»	780	»	23	40	756	60	75	66	832	26
90	5850	»	877	50	26	32	851	18	85	12	936	30
00	6500	»	975	»	29	25	945	75	94	58	1040	33

A 70 CENTIMES LE LITRE,

Litres.	Valeur.		DROITS DE DÉTAIL. 15 pour 100.			Déduction du 3 pour 100.			Net.			Décime.			Total.		
	fr.	c.	fr.	c.	mil	fr.	c.	mil.	fr.	c.	mil.	fr.	c.	mil.	fr.	c.	m
1	»	70	»	10	50	»	»	31	»	10	19	»	1	02	»	11	2
2	1	40	»	21	»	»	»	63	»	20	37	»	02	04	»	22	4
3	2	10	»	31	50	»	»	94	»	30	56	»	3	06	»	33	6
4	2	80	»	42	»	»	01	26	»	40	74	»	4	08	»	44	8
5	3	50	»	52	50	»	01	57	»	50	93	»	5	10	»	56	0
6	4	20	»	63	»	»	1	89	»	61	11	»	6	12	»	67	2
7	4	90	»	73	50	»	2	20	»	71	30	»	7	13	»	78	4
8	5	60	»	84	»	»	2	52	»	81	48	»	8	15	»	89	6
9	6	30	»	94	50	»	2	83	»	91	67	»	9	17	1	00	8
10	7	»	1	05	»	»	3	15	1	01	85	»	10	19	1	12	0
20	14	»	2	10	»	»	6	30	2	03	70	»	20	37	2	24	0
30	21	»	3	15	»	»	9	45	3	05	55	»	30	56	3	36	1
40	28	»	4	20	»	»	12	60	4	07	40	»	40	74	4	48	14
50	35	»	5	25	»	»	15	75	5	09	25	»	50	93	5	60	1
60	42	»	6	30	»	»	18	90	6	11	10	»	61	11	6	72	2
70	49	»	7	35	»	»	22	05	7	12	95	»	71	30	7	84	25
80	56	»	8	40	»	»	25	20	8	14	80	»	81	48	8	96	28
90	63	»	9	45	»	»	28	35	9	16	65	»	91	67	10	08	32
100	70	»	10	50	»	»	31	50	10	18	50	1	01	85	11	20	35

OU A 70 FRANCS L'HECTOLITRE.

Valeur.		DROITS DE DÉTAIL.									
		15 pour 100.		Déduction du 3 pour 100.		Net.		Décime.		Total.	
fr.	c.	fr.	c.	fr.	c.	fr.	c.	fr.	c.	fr.	c.
70	»	10	50	»	31	10	19	1	02	11	21
140	»	21	»	»	63	20	37	2	04	22	41
210	»	31	50	»	94	30	56	3	06	33	62
280	»	42	»	1	26	40	74	4	08	44	82
350	»	52	50	1	57	50	93	5	10	56	03
420	»	63	»	1	89	61	11	6	12	67	23
490	»	73	50	2	20	71	30	7	13	78	43
560	»	84	»	2	52	81	48	8	15	89	63
630	»	94	50	2	83	91	67	9	17	100	84
700	»	105	»	3	15	101	85	10	19	112	04
1400	»	210	»	6	30	203	70	20	37	224	07
2100	»	315	»	9	45	305	55	30	56	336	11
2800	»	420	»	12	60	407	40	40	74	448	14
3500	»	525	»	15	75	509	25	50	93	560	18
4200	»	630	»	18	90	611	10	61	11	672	21
4900	»	735	»	22	05	712	95	71	30	784	25
5600	»	840	»	25	20	814	80	81	48	896	28
6300	»	945	»	28	35	916	65	91	67	1008	32
7000	»	1050	»	31	50	1018	50	101	85	1120	35

A 75 CENTIMES LE LITRE,

Litres.	Valeur.		DROITS DE DÉTAIL.													
			15 pour 100.			Déduction du 3 pour 100.			Net.			Décime.			Total.	
	fr.	c.	fr.	c.	mil.	fr.	c.	mil.	fr.	c.	mil.	fr.	c.	mil	fr.	c.
1	»	75	»	11	25	»	»	33	»	10	92	»	1	10	»	12
2	1	50	»	22	50	»	»	67	»	21	83	»	2	19	»	24
3	2	25	»	33	75	»	1	01	»	32	74	»	3	28	»	36
4	3	»	»	45	»	»	1	35	»	43	65	»	4	37	»	48
5	3	75	»	56	25	»	1	68	»	54	57	»	5	46	»	60
6	4	50	»	67	50	»	02	02	»	65	48	»	6	55	»	72
7	5	25	»	78	75	»	02	36	»	76	39	»	7	64	»	84
8	6	»	»	90	»	»	02	70	»	87	30	»	8	73	»	96
9	6	75	1	01	25	»	03	03	»	98	22	»	9	83	1	08
10	7	50	1	12	50	»	03	37	1	09	13	»	10	92	1	20
20	15	»	2	25	»	»	6	75	2	18	25	»	21	83	2	40
30	22	50	3	37	50	»	10	12	3	27	38	»	32	74	3	60
40	30	»	4	50	»	»	13	50	4	36	50	»	43	65	4	80
50	37	50	5	62	50	»	16	87	5	45	63	»	54	57	6	00
60	45	»	6	75	»	»	20	25	6	54	75	»	65	48	7	20
70	52	50	7	87	50	»	23	62	7	63	88	»	76	39	8	40
80	60	»	9	»	»	»	27	»	8	73	»	»	87	30	9	60
90	67	50	10	12	50	»	30	37	9	82	13	»	98	22	10	80
100	75	»	11	25	»	»	33	75	10	91	25	1	09	13	12	00

A 75 FRANCS L'HECTOLITRE.

Hectolitres.	Valeur.		DROITS DE DÉTAIL. 15 pour 100.		Déduction du 3 pour 100.		Net.		Décime.		Total.	
	fr.	c.	fr.	c.	fr.	c.	fr.	c.	fr.	c.	fr.	c.
1	75	»	11	25	»	33	10	92	1	10	12	02
2	150	»	22	50	»	67	21	83	2	19	24	02
3	225	»	33	75	1	01	32	74	3	28	36	02
4	300	»	45	»	1	35	43	65	4	37	48	02
5	375	»	56	25	1	68	54	57	5	46	60	03
6	450	»	67	50	2	02	65	48	6	55	72	03
7	525	»	78	75	2	36	76	39	7	64	84	03
8	600	»	90	»	2	70	87	30	8	73	96	03
9	675	»	101	25	3	03	98	22	9	83	108	05
10	750	»	112	50	3	37	109	13	10	92	120	05
20	1500	»	225	»	6	75	218	25	21	83	240	08
30	2250	»	337	50	10	12	327	38	32	74	360	12
40	3000	»	450	»	13	50	436	50	43	65	480	15
50	3750	»	562	50	16	87	545	63	54	57	600	20
60	4500	»	675	»	20	25	654	75	65	48	720	23
70	5250	»	787	50	23	62	763	88	76	39	840	27
80	6000	»	900	»	27	»	873	»	87	30	960	30
90	6750	»	1012	50	30	37	982	13	98	22	1080	35
100	7500	»	1125	»	33	75	1091	25	109	13	1200	38

A 80 CENTIMES LE LITRE,

Litres.	Valeur.		DROITS DE DÉTAIL. 15 pour 100.			Déduction du 3 pour 100.			Net.			Décime.			Total.		
	fr.	c.	fr.	c.	mil	fr.	c.	mil.	fr.	c.	mil.	fr.	c.	mil.	fr.	c.	mil.
1	»	80	»	12	»	»	»	36	»	11	64	»	1	17	»	12	81
2	1	60	»	24	»	»	»	72	»	23	28	»	2	33	»	25	61
3	2	40	»	36	»	»	1	08	»	34	92	»	3	50	»	38	42
4	3	20	»	48	»	»	1	44	»	46	56	»	4	66	»	51	22
5	4	»	»	60	»	»	1	80	»	58	20	»	5	82	»	64	02
6	4	80	»	72	»	»	2	16	»	69	84	»	6	99	»	76	83
7	5	60	»	84	»	»	2	52	»	81	48	»	8	15	»	89	63
8	6	40	»	96	»	»	2	88	»	93	12	»	9	32	1	02	44
9	7	20	1	08	»	»	3	24	1	04	76	»	10	48	1	15	24
10	8	»	1	20	»	»	3	60	1	16	40	»	11	64	1	28	04
20	16	»	2	40	»	»	7	20	2	32	80	»	23	28	2	56	08
30	24	»	3	60	»	»	10	80	3	49	20	»	34	92	3	84	12
40	32	»	4	80	»	»	14	40	4	65	60	»	46	56	5	12	16
50	40	»	6	»	»	»	18	»	5	82	»	»	58	20	6	40	20
60	48	»	7	20	»	»	21	60	6	98	40	»	69	84	7	68	24
70	56	»	8	40	»	»	25	20	8	14	80	»	81	48	8	96	28
80	64	»	9	60	»	»	28	80	9	31	20	»	93	12	10	24	32
90	72	»	10	80	»	»	32	40	10	47	60	1	04	76	11	52	36
100	80	»	12	»	»	»	36	»	11	64	»	1	16	40	12	80	40

OU A 80 FRANCS L'HECTOLITRE.

Hectolitres.	Valeur.		DROITS DE DÉTAIL. 15 pour 100.		Déduction du 3 pour 100.		Net.		Décime.		Total.	
	fr.	c.	fr.	c.	fr.	c.	fr.	c.	fr.	c.	fr.	c.
1	80	»	12	»	»	36	11	64	1	17	12	81
2	160	»	24	»	»	72	23	28	2	33	25	61
3	240	»	36	»	1	08	34	92	3	50	38	42
4	320	»	48	»	1	44	46	56	4	66	51	22
5	400	»	60	»	1	80	58	20	5	82	64	02
6	480	»	72	»	2	16	69	84	6	99	76	83
7	560	»	84	»	2	52	81	48	8	15	89	63
8	640	»	96	»	2	88	93	12	9	32	102	44
9	720	»	108	»	3	24	104	76	10	48	115	24
10	800	»	120	»	3	60	116	40	11	64	128	04
20	1600	»	240	»	7	20	232	80	23	28	256	08
30	2400	»	360	»	10	80	349	20	34	92	384	12
40	3200	»	480	»	14	40	465	60	46	56	512	16
50	4000	»	600	»	18	»	582	»	58	20	640	20
60	4800	»	720	»	21	60	698	40	69	84	768	24
70	5600	»	840	»	25	20	814	80	81	48	896	28
80	6400	»	960	»	28	80	931	20	93	12	1024	32
90	7200	»	1080	»	32	40	1047	60	104	76	1152	36
100	8000	»	1200	»	6	»	1164	»	116	40	1280	40

A 85 CENTIMES LE LITRE,

Litres.	Valeur.		DROITS DE DÉTAIL.														
			15 pour 100.			Déduction du 3 pour 100.			Net.			Décime.			Total.		
	fr.	c.	fr.	c.	mil.	fr.	c.	mil.	fr.	c.	mil.	fr.	c.	mil.	fr.	c.	mil.
1	»	85	»	12	75	»	»	38	»	12	37	»	1	24	»	13	6
2	1	70	»	25	50	»	»	76	»	24	74	»	2	48	»	27	2
3	2	55	»	38	25	»	1	14	»	37	11	»	3	72	»	40	8
4	3	40	»	51	»	»	1	53	»	49	47	»	4	95	»	54	4
5	4	25	»	63	75	»	1	91	»	61	84	»	6	19	»	68	0
6	5	10	»	76	50	»	2	29	»	74	21	»	7	43	»	81	6
7	5	95	»	89	25	»	2	67	»	86	58	»	8	66	»	95	2
8	6	80	1	02	»	»	3	06	»	98	94	»	9	90	1	08	8
9	7	65	1	14	75	»	3	44	1	11	31	»	11	14	1	22	4
10	8	50	1	27	50	»	3	82	1	23	68	»	12	37	1	36	0
20	17	»	2	55	»	»	7	65	2	47	35	»	24	74	2	72	0
30	25	50	3	37	50	»	10	12	3	27	38	»	32	74	3	60	12
40	34	»	5	10	»	»	15	30	4	94	70	»	49	47	5	44	17
50	42	50	6	37	50	»	19	12	6	18	38	»	61	84	6	80	22
60	51	»	7	65	»	»	22	95	7	42	05	»	74	21	8	16	26
70	59	50	8	92	50	»	26	77	8	65	73	»	86	58	9	52	31
80	68	»	10	20	»	»	30	60	9	89	40	»	98	94	10	88	34
90	76	50	11	47	50	»	34	42	11	13	08	1	11	31	12	24	39
100	85	»	12	75	»	»	38	25	12	36	75	1	23	68	13	60	43

OU A 85 FRANCS L'HECTOLITRE.

	Valeur.		DROITS DE DÉTAIL. 15 pour 100.		Déduction du 3 pour 100.		Net.		Décime.		Total.	
	fr.	c.	fr.	c.	fr.	c.	fr.	c.	fr.	c.	fr.	c.
1	85	»	12	75	»	38	12	37	1	24	13	61
2	170	»	25	50	»	76	24	74	2	48	27	22
3	255	»	38	25	1	14	37	11	3	72	40	83
4	340	»	51	»	1	53	49	47	4	95	54	42
5	425	»	63	75	1	91	61	84	6	19	68	03
6	510	»	76	50	2	29	74	21	7	43	81	64
7	595	»	89	25	2	67	86	58	8	66	95	24
8	680	»	102	»	3	06	98	94	9	90	108	64
9	765	»	114	75	3	44	111	31	11	14	122	45
10	850	»	127	50	3	82	123	68	12	37	136	05
20	1700	»	255	»	7	65	247	35	24	74	272	09
30	2250	»	337	50	10	12	327	38	32	74	360	12
40	3400	»	510	»	15	30	494	70	49	47	544	17
50	4250	»	637	50	19	12	618	38	61	84	680	22
60	5100	»	765	»	22	95	742	05	74	21	816	26
70	5950	»	892	50	26	77	865	73	86	58	952	31
80	6800	»	1020	»	30	60	989	40	98	94	1088	34
90	7650	»	1147	50	34	42	1113	08	111	31	1224	39
100	8500	»	1275	»	38	25	1236	75	123	68	1360	43

A 90 CENTIMES LE LITRE,

Litres.	Valeur.		DROITS DE DÉTAIL. 15 pour 100.			Déduction du 3 pour 100.			Net.			Décime.			Total.		
	fr.	c.	fr.	c.	mil.	fr.	c.	mil.	fr.	c.	mil.	fr.	c.	mil.	fr.	c.	mil.
1	»	90	»	13	50	»	»	40	»	13	10	»	1	31	»	14	4
2	1	80	»	27	»	»	»	81	»	26	19	»	2	62	»	28	8
3	2	70	»	40	50	»	01	21	»	39	29	»	3	93	»	43	2
4	3	60	»	54	»	»	01	62	»	52	38	»	5	24	»	57	6
5	4	50	»	67	50	»	02	02	»	65	48	»	6	55	»	72	03
6	5	40	»	81	»	»	02	43	»	78	57	»	7	86	»	86	43
7	6	30	»	94	50	»	02	83	»	91	67	»	9	17	1	00	84
8	7	20	1	08	»	»	03	24	1	04	76	»	10	48	1	15	24
9	8	10	1	21	50	»	03	64	1	17	86	»	11	79	1	29	65
10	9	»	1	35	»	»	04	05	1	30	95	»	13	10	1	44	05
20	18	»	2	70	»	»	08	10	2	61	90	»	26	19	2	88	09
30	27	»	4	05	»	»	12	15	3	92	85	»	39	29	4	32	14
40	36	»	5	40	»	»	16	20	5	23	80	»	52	38	5	76	18
50	45	»	6	75	»	»	20	25	6	54	75	»	65	48	7	20	23
60	54	»	8	10	»	»	24	30	7	85	70	»	78	57	8	64	27
70	63	»	9	45	»	»	28	35	9	16	65	»	91	67	10	08	32
80	72	»	10	80	»	»	32	40	10	47	60	1	04	76	11	52	36
90	81	»	12	15	»	»	36	45	11	78	55	1	17	86	12	96	41
100	90	»	13	50	»	»	40	50	13	09	50	1	30	95	14	40	45

OU A 90 FRANCS L'HECTOLITRE.

Hectolitres.	Valeur.		DROITS DE DÉTAIL. 15 pour 100.		Déduction du 5 pour 100.		Net.		Décime.		Total.	
	fr.	c.	fr.	c.	fr.	c.	fr.	c.	fr.	c.	fr.	c.
1	90	»	13	50	»	40	13	10	1	31	14	41
2	180	»	27	»	»	81	26	19	2	62	28	81
3	270	»	40	50	01	21	39	29	3	93	43	22
4	360	»	54	»	01	62	52	38	5	24	57	62
5	450	»	67	50	02	02	65	48	6	55	72	03
6	540	»	81	»	02	43	78	57	7	86	86	43
7	630	»	94	50	02	83	91	67	9	17	100	84
8	720	»	108	»	03	24	104	76	10	48	115	24
9	810	»	121	50	03	64	117	86	11	79	129	65
10	900	»	135	»	04	05	130	95	13	10	144	05
20	1800	»	270	»	08	10	261	90	26	19	288	09
30	2700	»	405	»	12	15	392	85	39	29	432	14
40	3600	»	540	»	16	20	523	80	52	38	576	18
50	4500	»	675	»	20	25	654	75	65	48	720	23
60	5400	»	810	»	24	30	785	70	78	57	864	27
70	6300	»	945	»	28	35	916	65	91	67	1008	32
80	7200	»	1080	»	32	40	1047	60	104	76	1152	36
90	8100	»	1215	»	36	45	1178	55	117	86	1296	41
100	9000	»	1350	»	40	50	1309	50	130	95	1440	45

A 95 CENTIMES LE LITRE,

Litres.	Valeur.		DROIT DE DÉTAIL. 15 pour 100.			Déduction du 3 pour 100.			Net.			Décime.			Total.		
	fr.	c.	fr.	c.	mil.	fr.	c.	mil.	fr.	c.	mil.	fr.	c.	mil.	fr.	c.	mil
1	»	95	»	14	25	»	»	42	»	13	83	»	1	39	»	15	22
2	1	90	»	28	50	»	»	85	»	27	65	»	2	77	»	30	4
3	2	85	»	42	75	»	1	28	»	41	47	»	4	15	»	45	6
4	3	80	»	57	»	»	1	71	»	55	29	»	5	53	»	60	8
5	4	75	»	71	25	»	2	13	»	69	12	»	6	92	»	76	0
6	5	70	»	85	50	»	2	56	»	82	94	»	8	30	»	91	2
7	6	65	»	99	75	»	2	99	»	96	76	»	9	68	1	06	44
8	7	60	1	14	»	»	3	42	01	10	58	»	11	06	1	21	6
9	8	55	1	28	25	»	3	84	1	24	41	»	12	45	1	36	8
10	9	50	1	42	50	»	4	27	1	38	23	»	13	83	1	52	06
20	19	»	2	85	»	»	8	55	2	76	45	»	27	65	3	04	10
30	28	50	4	27	50	»	12	82	4	14	68	»	41	47	4	56	15
40	38	»	5	70	»	»	17	10	5	52	90	»	55	29	6	08	19
50	47	50	7	12	50	»	21	37	6	91	13	»	69	12	7	60	25
60	57	»	8	55	»	»	25	65	8	29	35	»	82	94	9	12	29
70	66	50	9	97	50	»	29	92	9	67	58	»	96	76	10	64	34
80	76	»	11	40	»	»	34	20	11	05	80	1	10	58	12	16	38
90	85	50	12	82	50	»	38	47	12	44	03	1	24	41	13	68	44
100	95	»	14	25	»	»	42	75	13	82	25	1	38	23	15	20	48

OU A 95 FRANCS L'HECTOLITRE.

	Valeur.		DROITS DE DÉTAIL.									
			15 pour 100.		Déduction du 3 pour 100.		Net.		Décime.		Total.	
	fr.	c.	fr.	c.	fr.	c.	fr.	c.	fr.	c.	fr.	c.
1	95	»	14	25	»	42	13	83	1	39	15	22
2	190	»	28	50	»	85	27	65	2	77	30	42
3	285	»	42	75	1	28	41	47	4	15	45	62
4	380	»	57	»	1	71	55	29	5	53	60	82
5	475	»	71	25	2	13	69	12	6	92	76	04
6	570	»	85	50	2	56	82	94	8	30	91	24
7	665	»	99	75	2	99	96	76	9	68	106	44
8	760	»	114	»	3	42	110	58	11	06	121	64
9	855	»	128	25	3	84	124	41	12	45	136	86
10	950	»	142	50	4	27	138	23	13	83	152	06
20	1900	»	285	»	8	55	276	45	27	65	304	10
30	2850	»	427	50	12	82	414	68	41	47	456	15
40	3800	»	570	»	17	10	552	90	55	29	608	19
50	4750	»	712	50	21	37	691	13	69	12	760	25
60	5700	»	855	»	25	65	829	35	82	94	912	29
70	6650	»	997	50	29	92	967	58	96	76	1064	34
80	7600	»	1140	»	34	20	1105	80	110	58	1216	38
90	8550	»	1282	50	38	47	1244	03	124	41	1368	44
00	9500	»	1425	»	42	75	1382	25	138	23	1520	48

A 1 FRANC LE LITRE,

Litres.	Valeur.		DROITS DE DÉTAIL. 15 pour 100.			Déduction du 5 pour 100.			Net.			Décime.			Total.		
	fr	c.	fr.	c.	mil.	fr.	c.	mil.	fr.	c.	mil.	fr.	c.	mil.	fr.	c.	m
1	1	»	»	15	»	»	»	45	»	14	55	»	1	46	»	16	[illegible]
2	2	»	»	30	»	»	»	90	»	29	10	»	2	91	»	32	[illegible]
3	3	»	»	45	»	»	1	35	»	43	65	»	4	37	»	48	
4	4	»	»	60	»	»	1	80	»	58	20	»	05	82	»	64	
5	5	»	»	75	»	»	02	25	»	72	75	»	07	28	»	80	
6	6	»	»	90	»	»	02	70	»	87	30	»	08	73	»	96	
7	7	»	1	05	»	»	03	15	1	01	85	»	10	19	1	12	[illegible]
8	8	»	1	20	»	»	03	60	1	16	40	»	11	64	1	28	[illegible]
9	9	»	1	35	»	»	04	05	1	30	95	»	13	10	1	44	[illegible]
10	10	»	1	50	»	»	04	50	1	45	50	»	14	55	1	6[illegible]	[illegible]
20	20	»	3	»	»	»	09	»	2	91	»	»	29	10	3	20	1
30	30	»	4	50	»	»	13	50	4	36	50	»	43	65	4	80	1
40	40	»	6	»	»	»	18	»	5	82	»	»	58	20	6	40	2
50	50	»	7	50	»	»	22	50	7	27	50	»	72	75	8	00	2
60	60	»	9	»	»	»	27	»	8	73	»	»	87	30	9	60	3
70	70	»	10	50	»	»	31	50	10	18	50	1	01	85	11	20	3
80	80	»	12	»	»	»	36	»	11	64	»	1	16	40	12	80	4
90	90	»	13	50	»	»	40	50	13	09	50	1	30	95	14	40	4
100	100	»	15	»	»	»	45	»	14	55	»	1	45	50	16	00	5

OU A 100 FRANCS L'HECTOLITRE.

	Valeur.		DROITS DE DÉTAIL.									
			15 pour 100.		Déduction du 3 pour 100.		Net.		Décime.		Total.	
	fr.	c.	fr.	c.	fr.	c.	fr.	c.	fr.	c.	fr.	c.
1	100	»	15	»	»	45	14	55	1	46	16	01
2	200	»	30	»	»	90	29	10	2	91	32	01
3	300	»	45	»	1	35	43	65	4	37	48	02
4	400	»	60	»	1	80	58	20	5	82	64	02
5	500	»	75	»	2	25	72	75	7	28	80	03
6	600	»	90	»	2	70	87	30	8	73	96	03
7	700	»	105	»	3	15	101	85	10	19	112	04
8	800	»	120	»	3	60	116	40	11	64	128	04
9	900	»	135	»	4	05	130	95	13	10	144	05
0	1000	»	150	»	4	50	145	50	14	55	160	05
0	2000	»	300	»	9	»	291	»	29	10	320	10
0	3000	»	450	»	13	50	436	50	43	65	480	15
40	4000	»	600	»	18	»	582	»	58	20	640	20
50	5000	»	750	»	22	50	727	50	72	75	800	25
60	6000	»	900	»	27	»	873	»	87	30	960	30
70	7000	»	1050	»	31	50	1018	50	101	85	1120	35
80	8000	»	1200	»	36	»	1164	»	116	40	1280	40
90	9000	»	1350	»	40	50	1309	50	130	95	1440	45
00	10000	»	1500	»	45	»	1455	»	145	50	1600	50

A 1 FRANC 50 CENTIMES LE LITRE,

Litres.	Valeur.		DROITS DE DÉTAIL.														
			15 pour 100.			Déduction du 3 pour 100.			Net.			Décime			Total.		
	fr.	c.	fr.	c.	mil.	fr.	c.	mil		c.	mil.	fr.	c.	mil.	fr.	c.	m
1	1	50	»	22	50	»	»	67	»	21	83	»	02	19	»	24	0
2	3	»	»	45	»	»	01	35	»	43	65	»	04	37	»	48	0
3	4	50	»	67	50	»	02	02	»	65	48	»	6	55	»	72	0
4	6	»	»	90	»	»	02	70	»	87	30	»	8	73	»	96	0
5	7	50	1	12	50	»	03	37	1	09	13	»	10	92	1	20	0
6	9	»	1	35	»	»	04	05	1	30	95	»	13	10	1	44	0
7	10	50	1	57	50	»	04	72	1	52	78	»	15	28	1	68	0
8	12	»	1	80	»	»	05	40	1	74	60	»	17	46	1	92	0
9	13	50	2	2	50	»	06	07	1	96	43	»	19	65	2	16	0
10	15	»	2	25	»	»	06	75	2	18	25	»	21	83	2	40	0
20	30	»	4	50	»	»	13	50	4	36	50	»	43	65	4	80	1
30	45	»	6	75	»	»	20	25	6	54	75	»	65	48	7	20	2
40	60	»	9	»	»	»	27	»	8	73	»	»	87	30	9	60	3
50	75	»	11	25	»	»	33	75	10	91	75	1	09	13	12	»	38
60	90	»	13	50	»	»	40	50	13	09	50	1	30	95	14	40	45
70	105	»	15	75	»	»	47	25	15	27	75	1	52	78	16	80	53
80	120	»	18	»	»	»	54	»	17	46	»	1	74	60	19	20	60
90	135	»	20	25	»	»	60	75	19	64	25	1	96	43	21	60	68
100	150	»	22	50	»	»	67	50	21	82	50	2	18	25	24	00	75

OU A 150 FRANCS L'HECTOLITRE.

Valeur.		DROITS DE DÉTAIL.									
		15 pour cent.		Déduction du 3 pour 100.		Net.		Décime.		Total,	
fr.	c.	fr.	c.	fr.	c.	fr.	c.	fr.	c.	fr.	c.
150	»	22	50	»	67	21	83	2	19	24	02
300	»	45	»	1	35	43	65	4	37	48	02
450	»	67	50	2	02	65	48	6	55	72	03
600	»	90	»	2	70	87	30	8	73	96	03
750	»	112	50	3	37	109	13	10	92	120	05
900	»	135	»	4	05	130	95	13	10	144	05
1050	»	157	50	4	72	152	78	15	28	168	06
1200	»	180	»	5	40	174	60	17	46	192	06
1350	»	202	50	6	07	196	43	19	65	216	08
1500	»	225	»	6	75	218	25	21	83	240	08
3000	»	450	»	13	50	436	50	43	65	480	15
4500	»	675	»	20	25	654	75	65	48	720	23
6000	»	900	»	27	»	873	»	87	30	960	30
7500	»	1125	»	33	75	1091	25	109	13	1200	38
9000	»	1350	»	40	50	1309	50	130	95	1440	45
10500	»	1575	»	47	25	1527	75	152	78	1680	53
12000	»	1800	»	54	»	1746	»	174	60	1920	60
13500	»	2025	»	60	75	1964	25	196	43	2160	68
15000	»	2250	»	67	50	2182	50	218	25	2400	75

A 2 FRANCS LE LITRE,

Litres.	Valeur.		DROITS DE DÉTAIL. 15 pour 100.			Déduction du 3 pour 100.			Net.			Décime.			Total.		
	fr.	c.	fr.	c.	mil.	fr.	c.	mil.	fr.	c.	mil.	fr.	c.	mil.	fr.	c.	mil.
1	2	»	»	30	»	»	»	90	»	29	10	»	2	91	»	32	o
2	4	»	»	60	»	»	01	80	»	58	20	»	5	82	»	64	o
3	6	»	»	90	»	»	2	70	»	87	30	»	8	73	»	96	c
4	8	»	1	20	»	»	3	60	1	16	40	»	11	64	1	28	[illegible]
5	10	»	1	50	»	»	4	50	1	45	50	»	14	55	1	60	c
6	12	»	1	80	»	»	5	40	1	74	60	»	17	46	1	92	c
7	14	»	2	10	»	»	6	30	2	03	70	»	20	37	2	24	[illegible]
8	16	»	2	40	»	»	7	20	2	32	80	»	23	28	2	56	o
9	18	»	2	70	»	»	8	10	2	61	80	»	26	19	2	88	c
10	20	»	3	»	»	»	9	»	2	91	»	»	29	10	3	20	1
20	40	»	6	»	»	»	18	»	5	82	»	»	58	20	6	40	2
30	60	»	9	»	»	»	27	»	8	73	»	»	87	30	9	60	3
40	80	»	12	»	»	»	36	»	11	64	»	1	16	40	12	80	4
50	100	»	15	»	»	»	45	»	14	55	»	1	45	50	16	00	5
60	120	»	18	»	»	»	54	»	17	46	»	1	74	60	19	20	6
70	140	»	21	»	»	»	63	»	20	37	»	2	03	70	22	40	7
80	160	»	24	»	»	»	72	»	23	28	»	2	32	80	25	60	8
90	180	»	27	»	»	»	81	»	26	19	»	2	61	90	28	80	9
100	200	»	30	»	»	»	90	»	29	10	»	2	91	»	32	01	»

OU A 200 FRANCS L'HECTOLITRE.

Valeur.		DROITS DE DÉTAIL. 15 pour 100.		Déduction du 3 pour 100.		Net.		Décime.		Total.	
fr.	c.	fr.	c.	fr.	c.	fr.	c.	fr.	c.	fr.	c.
200	»	30	»	»	90	29	10	2	91	32	01
400	»	60	»	1	80	58	20	5	82	64	02
600	»	90	»	2	70	87	30	8	73	96	03
800	»	120	»	3	60	116	40	11	64	128	04
1000	»	150	»	4	50	145	50	14	55	160	05
1200	»	180	»	5	40	174	60	17	46	192	06
1400	»	210	»	6	30	203	70	20	37	224	07
1600	»	240	»	7	20	232	80	23	28	256	08
1800	»	270	»	8	10	261	90	26	19	288	09
2000	»	300	»	9	»	291	»	29	10	320	10
4000	»	600	»	18	»	582	»	58	20	640	20
6000	»	900	»	27	»	873	»	87	30	960	30
8000	»	1200	»	36	»	1164	»	116	40	1280	40
10000	»	1500	»	45	»	1455	»	145	50	1600	50
12000	»	1800	»	54	»	1746	»	174	60	1920	60
14000	»	2100	»	63	»	2037	»	203	70	2240	70
16000	»	2400	»	72	»	2328	»	232	80	2560	80
18000	»	2700	»	81	»	2619	»	261	90	2880	90
20000	»	3000	»	90	»	2910	»	291	»	3201	»

A 2 FRANCS 50 CENTIMES LE LITRE.

Litres.	Valeur.		DROITS DE DÉTAIL.													
			15 pour 100.			Déduction du 3 pour 100.			Net.			Décime.			Total.	
	fr.	c.	fr.	c.	mil.	fr.	c.	mil.	fr.	c.	mil.	fr.	c.	mil.	fr.	c.
1	2	50	»	37	50	»	1	12	»	36	38	»	3	64	»	40
2	5	»	»	75	»	»	2	25	»	72	75	»	7	28	»	80
3	7	50	1	12	50	»	3	37	1	09	13	»	10	92	1	20
4	10	»	1	50	»	»	4	50	1	45	50	»	14	55	1	60
5	12	50	1	87	50	»	5	62	1	81	88	»	18	19	2	00
6	15	»	2	25	»	»	6	75	2	18	25	»	21	83	2	40
7	17	50	2	62	50	»	7	87	2	54	63	»	25	47	2	80
8	20	»	3	»	»	»	9	»	2	91	»	»	29	10	3	20
9	22	50	3	37	50	»	10	12	3	27	38	»	32	74	3	60
10	25	»	3	75	»	»	11	25	3	63	75	»	36	38	4	00
20	50	»	7	50	»	»	22	50	7	27	50	»	72	75	8	00
30	75	»	11	25	»	»	33	75	10	91	25	1	09	13	12	00
40	100	»	15	»	»	»	45	»	14	55	»	1	45	50	16	00
50	125	»	18	75	»	»	56	25	18	18	75	1	81	88	20	00
60	150	»	22	50	»	»	67	50	21	82	50	2	18	25	24	00
70	175	»	26	25	»	»	78	75	25	46	25	2	54	63	28	00
80	200	»	30	»	»	»	90	»	29	10	»	2	91	»	32	01
90	225	»	33	75	»	1	01	25	32	73	75	3	27	38	36	01
100	250	»	37	50	»	1	12	50	36	37	50	3	63	75	40	01

OU A 250 FRANCS L'HECTOLITRE.

	Valeur.		DROITS DE DÉTAIL. 15 pour 100.		Déduction du 3 pour 100.		Net.		Décime.		Total.	
	fr.	c.	fr.	c.	fr.	c.	fr.	c.	fr.	c.	fr.	c.
1	250	»	37	50	1	12	36	38	3	64	40	02
2	500	»	75	»	2	25	72	75	7	28	80	03
3	750	»	112	50	3	37	109	13	10	92	120	05
4	1000	»	150	»	4	50	145	50	14	55	160	05
5	1250	»	187	50	5	62	181	88	18	19	200	07
6	1500	»	225	»	6	75	218	25	21	83	240	08
7	1750	»	262	50	7	87	254	63	25	47	280	10
8	2000	»	300	»	9	»	291	»	29	10	320	10
9	2250	»	337	50	10	12	327	38	32	74	360	12
0	2500	»	375	»	11	25	363	75	36	38	400	13
0	5000	»	750	»	22	50	727	50	72	75	800	25
0	7500	»	1125	»	33	75	1091	25	109	13	1200	38
40	10000	»	1500	»	45	»	1455	»	145	50	1600	50
50	12500	»	1875	»	56	25	1818	75	181	88	2000	63
60	15000	»	2250	»	67	50	2182	50	218	25	2400	75
70	17500	»	2625	»	78	75	2546	25	254	63	2800	88
80	20000	»	3000	»	90	»	2910	»	291	»	3201	»
90	22500	»	3375	»	101	25	3273	75	327	38	3601	13
00	25000	»	3750	»	112	50	3637	50	363	75	4001	25

A 3 FRANCS LE LITRE,

Litres.	Valeur.		DROITS DE DÉTAIL. 15 pour 100.			Déduction du 3 pour 100.			Net.			Décime.			Total.	
	fr.	c.	fr.	c.	mil.	fr.	c.	mil.	fr.	c.	mil.	fr.	c.	mil.	fr.	c.
1	3	»	»	45	»	»	01	35	»	43	65	»	04	37	»	48
2	6	»	»	90	»	»	02	70	»	87	30	»	08	73	»	96
3	9	»	1	35	»	»	04	05	1	30	95	»	13	10	1	44
4	12	»	1	80	»	»	05	40	1	74	60	»	17	46	1	92
5	15	»	2	25	»	»	06	75	2	18	25	»	21	83	2	40
6	18	»	2	70	»	»	08	10	2	61	90	»	26	19	2	88
7	21	»	3	15	»	»	09	45	3	05	55	»	30	56	3	36
8	24	»	3	60	»	»	10	80	3	49	20	»	34	92	3	84
9	27	»	4	05	»	»	12	15	3	92	85	»	39	29	4	32
10	30	»	4	50	»	»	13	50	4	36	50	»	43	65	4	80
20	60	»	9	»	»	»	27	»	8	73	»	»	87	30	9	60
30	90	»	13	50	»	»	40	50	13	09	50	1	30	95	14	40
40	120	»	18	»	»	»	54	»	17	46	»	1	74	60	19	20
50	150	»	22	50	»	»	67	50	21	82	50	2	18	25	24	00
60	180	»	27	»	»	»	81	»	26	19	»	2	61	90	28	80
70	210	»	31	50	»	»	94	50	30	55	50	3	05	55	33	61
80	240	»	36	»	»	1	08	»	34	92	»	3	49	20	38	41
90	270	»	40	50	»	1	21	50	39	28	50	3	92	85	43	21
100	300	»	45	»	»	1	35	»	43	65	»	4	36	50	48	01

OU A 300 FRANCS L'HECTOLITRE.

Valeur.		DROITS DE DÉTAIL. 15 pour 100.		Déduction du 3 pour 100.		Net.		Décime.		Total.	
fr.	c.	fr.	c.	fr.	c.	fr.	c.	fr.	c.	fr.	c.
300	»	45	»	1	35	43	65	4	37	48	02
600	»	90	»	2	70	87	30	8	73	96	03
900	»	135	»	4	05	130	95	13	10	144	05
1200	»	180	»	5	40	174	60	17	46	192	06
1500	»	225	»	6	75	218	25	21	83	240	08
1800	»	270	»	8	10	261	90	26	19	288	09
2100	»	315	»	9	45	305	55	30	56	336	11
2400	»	360	»	10	80	349	20	34	92	384	12
2700	»	405	»	12	15	392	85	39	29	432	14
3000	»	450	»	13	50	436	50	43	65	480	15
6000	»	900	»	27	»	873	»	87	30	960	30
9000	»	1350	»	40	50	1309	50	130	95	1440	45
12000	»	1800	»	54	»	1746	»	174	60	1920	60
15000	»	2250	»	67	50	2182	50	218	25	2400	75
18000	»	2700	»	81	»	2619	»	261	90	2880	90
21000	»	3150	»	94	50	3055	50	305	55	3361	05
24000	»	3600	»	108	»	3492	»	349	20	3841	20
27000	»	4050	»	121	50	3928	50	392	85	4321	35
30000	»	4500	»	135	»	4365	»	436	50	4801	50

A 4 FRANCS LE LITRE.

Litres.	Valeur.		DROITS DE DÉTAIL.														
			15 pour 100.			Déduction du 3 pour 100.			Net.			Décime.			Total.		
	fr.	c.	fr.	c.	mil.	fr.	c.	mil.	fr.	c.	mil.	fr.	c.	mil.	fr.	c.	m
1	4	»	»	60	»	»	1	80	»	58	20	»	05	82	»	64	
2	8	»	1	20	»	»	3	60	1	16	40	»	11	64	1	28	
3	12	»	1	80	»	»	5	40	1	74	60	»	17	46	1	92	
4	16	»	2	40	»	»	7	20	2	32	80	»	23	28	2	56	
5	20	»	3	»	»	»	9	»	2	91	»	»	29	10	3	20	
6	24	»	3	60	»	»	10	80	3	49	20	»	34	92	3	84	
7	28	»	4	20	»	»	12	60	4	07	40	»	40	74	4	48	
8	32	»	4	80	»	»	14	40	4	65	60	»	46	56	5	12	
9	36	»	5	40	»	»	16	20	5	23	80	»	52	38	5	76	
10	40	»	6	»	»	»	18	»	5	82	»	»	58	20	6	40	[illegible]
20	80	»	12	»	»	»	36	»	11	64	»	1	16	40	12	80	4
30	120	»	18	»	»	»	54	»	17	46	»	1	74	60	19	20	6
40	160	»	24	»	»	»	72	»	23	28	»	2	32	80	25	60	8
50	200	»	30	»	»	»	90	»	29	10	»	2	91	»	32	01	»
60	240	»	36	»	»	1	08	»	34	92	»	3	49	20	38	41	2
70	280	»	42	»	»	1	26	»	40	74	»	4	07	40	44	81	4
80	320	»	48	»	»	1	44	»	46	56	»	4	65	60	51	21	6
90	360	»	54	»	»	1	62	»	52	38	»	5	23	80	57	61	8
100	400	»	60	»	»	1	80	»	58	20	»	5	82	»	64	02	»

A 400 FRANCS L'HECTOLITRE.

Hectolitres.	Valeur.		DROITS DE DÉTAIL.									
			15 pour 100.		Déduction. du 3 pour 100.		Net.		Décime.		Total.	
	fr.	c.	fr.	c.	fr.	c.	fr.	c.	fr.	c.	fr.	c.
1	400	»	60	»	1	80	58	20	5	82	64	02
2	800	»	120	»	3	60	116	40	11	64	128	04
3	1200	»	180	»	5	40	174	60	17	46	192	06
4	1600	»	240	»	7	20	232	80	23	28	256	08
5	2000	»	300	»	9	»	291	»	29	10	320	10
6	2400	»	360	»	10	80	349	20	34	92	384	12
7	2800	»	420	»	12	60	407	40	40	74	448	14
8	3200	»	480	»	14	40	465	60	46	56	512	16
9	3600	»	540	»	16	20	523	80	52	38	576	18
10	4000	»	600	»	18	»	582	»	58	20	640	20
20	8000	»	1200	»	36	»	1164	»	116	40	1280	40
30	12000	»	1800	»	54	»	1746	»	174	60	1920	60
40	16000	»	2400	»	72	»	2328	»	232	80	2560	80
50	20000	»	3000	»	90	»	2910	»	291	»	3201	»
60	24000	»	3600	»	108	»	3492	»	349	20	3841	20
70	28000	»	4200	»	126	»	4074	»	407	40	4481	40
80	32000	»	4800	»	144	»	4656	»	465	60	5121	60
90	36000	»	5400	»	162	»	5238	»	523	80	5761	80
100	40000	»	6000	»	180	»	5820	»	582	»	6402	00

A 5 FRANCS LE LITRE,

Litres.	Valeur.		DROITS DE DÉTAIL. 15 pour 100.			Déduction du 3 pour 100.			Net.			Décime.			Total.		
	fr.	c.	fr.	c.	mil.	fr.	c.	mil.	fr.	c.	mil.	fr.	c.	mil.	fr.	c.	mil.
1	5	»	»	75	»	»	2	25	»	72	75	»	7	28	»	80	[illegible]
2	10	»	1	50	»	»	4	50	1	45	50	»	14	55	1	60	[illegible]
3	15	»	2	25	»	»	6	75	2	18	25	»	21	83	2	40	[illegible]
4	20	»	3	»	»	»	9	»	2	91	»	»	29	10	3	20	[illegible]
5	25	»	3	75	»	»	11	25	3	63	75	»	36	38	4	00	[illegible]
6	30	»	4	50	»	»	13	50	4	36	50	»	43	65	4	80	[illegible]
7	35	»	5	25	»	»	15	75	5	09	25	»	50	93	5	60	[illegible]
8	40	»	6	»	»	»	18	»	5	82	»	»	58	20	6	40	[illegible]
9	45	»	6	75	»	»	20	25	6	54	75	»	65	48	7	20	[illegible]
10	50	»	7	50	»	»	22	50	7	27	50	»	72	75	8	00	[illegible]
20	100	»	15	»	»	»	45	»	14	55	»	1	45	50	16	00	50
30	150	»	22	50	»	»	67	50	21	82	50	2	18	25	24	00	75
40	200	»	30	»	»	»	90	»	29	10	»	2	91	»	32	01	»
50	250	»	37	50	»	1	12	50	36	37	50	3	63	75	40	01	25
60	300	»	45	»	»	1	35	»	43	65	»	4	36	50	48	01	50
70	350	»	52	50	»	1	57	50	50	92	50	5	09	25	56	01	75
80	400	»	60	»	»	1	80	»	58	20	»	5	82	»	64	02	»
90	450	»	67	50	»	2	02	50	65	47	50	6	54	75	72	02	25
100	500	»	75	»	»	2	25	»	72	75	»	7	27	50	80	02	50

OU A 500 FRANCS L'HECTOLITRE.

Hectolitres.	Valeur.		DROITS DE DÉTAIL.									
			15 pour 100.		Déduction du 3 pour 100.		Net.		Décime.		Total.	
	fr.	c.	fr.	c.	fr.	c.	fr.	c.	fr.	c.	fr.	c.
1	500	»	75	»	2	25	72	75	7	28	80	03
2	1000	»	150	»	4	50	145	50	14	55	160	05
3	1500	»	225	»	6	75	218	25	21	83	240	08
4	2000	»	300	»	9	»	291	»	29	10	320	10
5	2500	»	375	»	11	25	363	75	36	38	400	13
6	3000	»	450	»	13	50	436	50	43	65	480	15
7	3500	»	525	»	15	75	509	25	50	93	560	18
8	4000	»	600	»	18	»	582	»	58	20	640	20
9	4500	»	675	»	20	25	654	75	65	48	720	23
10	5000	»	750	»	22	50	727	50	72	75	800	25
20	10000	»	1500	»	45	»	1455	»	145	50	1600	50
30	15000	»	2250	»	67	50	2182	50	218	25	2400	75
40	20000	»	3000	»	90	»	2910	»	291	»	3201	»
50	25000	»	3750	»	112	50	3637	50	363	75	4001	25
60	30000	»	4500	»	135	»	4365	»	436	50	4801	50
70	35000	»	5250	»	157	50	5092	50	509	25	5601	75
80	40000	»	6000	»	180	»	5820	»	582	»	6402	»
90	45000	»	6750	»	202	50	6547	50	654	75	7202	25
100	50000	»	7500	»	225	»	7275	»	727	50	8002	50

A 6 FRANCS LE LITRE,

Litres.	Valeur.		DROITS DE DÉTAIL. 15 pour 100.			Déduction du 3 pour 100.			Net.			Décime.			Total.		
	fr.	c.	fr.	c.	mil.	fr.	c.	mil.	fr.	c.	mil.	fr.	c.	mil.	fr.	c.	m
1	6	»	»	90	»	»	2	70	»	87	30	»	8	73	»	96	[illegible]
2	12	»	1	80	»	»	5	40	1	74	60	»	17	46	1	92	[illegible]
3	18	»	2	70	»	»	8	10	2	61	90	»	26	19	2	88	[illegible]
4	24	»	3	60	»	»	10	80	3	49	20	»	34	92	3	84	[illegible]
5	30	»	4	50	»	»	13	50	4	36	50	»	43	65	4	80	[illegible]
6	36	»	5	40	»	»	16	20	5	23	80	»	52	38	5	76	[illegible]
7	42	»	6	30	»	»	18	90	6	11	10	»	61	11	6	72	[illegible]
8	48	»	7	20	»	»	21	60	6	98	40	»	69	84	7	68	[illegible]
9	54	»	8	10	»	»	24	30	7	85	70	»	78	57	8	64	[illegible]
10	60	»	9	»	»	»	27	»	8	73	»	»	87	30	9	60	[illegible]
20	120	»	18	»	»	»	54	»	17	46	»	1	74	60	19	20	[illegible]
30	180	»	27	»	»	»	81	»	26	19	»	2	61	90	28	80	[illegible]
40	240	»	36	»	»	1	08	»	34	92	»	3	49	20	38	41	[illegible]
50	300	»	45	»	»	1	35	»	43	65	»	4	36	50	48	01	[illegible]
60	360	»	54	»	»	1	62	»	52	38	»	5	23	80	57	61	[illegible]
70	420	»	63	»	»	1	89	»	61	11	»	6	11	10	67	22	[illegible]
80	480	»	72	»	»	2	16	»	69	84	»	6	98	40	76	82	[illegible]
90	540	»	81	»	»	2	43	»	78	57	»	7	85	70	86	42	[illegible]
100	600	»	90	»	»	2	70	»	87	30	»	8	73	»	96	03	[illegible]

OU A 600 FRANCS L'HECTOLITRE.

	Valeur.		DROITS DE DÉTAIL.										
			15 pour 100.		Déduction du 3 pour 100.		Net.		Décime.		Total.		
	fr.	c.	fr.	c.	fr.	c.	fr.	c.	fr.	c.	fr.	c.	
1	600	»	90	»	2	70	87	30	8	73	96	03	
2	1200	»	180	»	5	40	174	60	17	46	192	06	
3	1800	»	270	»	8	10	261	90	26	19	288	09	
4	1400	»	360	»	10	80	349	20	34	92	384	12	
5	3000	»	450	»	13	50	436	50	43	65	480	15	
6	3600	»	540	»	16	20	523	80	52	38	576	18	
7	4200	»	630	»	18	90	611	10	61	11	672	21	
8	4800	»	720	»	21	60	698	40	69	84	768	24	
9	5400	»	810	»	24	30	785	70	78	57	864	27	
10	6000	»	900	»	27	»	873	»	87	30	960	30	
20	12000	»	1800	»	54	»	1746	»	174	60	1920	60	
30	18000	»	2700	»	81	»	2619	»	261	90	2880	90	
40	24000	»	3600	»	108	»	3492	»	349	20	3841	20	
50	30000	»	4500	»	135	»	4365	»	436	50	4801	50	
60	36000	»	5400	»	162	»	5238	»	523	80	5761	80	
70	42000	»	6300	»	189	»	6111	»	611	10	6722	10	
80	48000	»	7200	»	216	»	6984	»	698	40	7682	40	
90	54000	»	8100	»	243	»	7857	»	785	70	8642	70	
100	60000	»	9000	»	270	»	8730	»	873	»	9603	»	

A 7 FRANCS LE LITRE,

Litres.	Valeur.		DROIT DE DÉTAIL. 15 pour 100.			Déduction du 3 pour 100.			Net.			Décime.			Total.		
	fr.	c.	fr.	c.	mil.	fr.	c.	mil.	fr.	c.	mil.	fr.	c.	mil.	fr.	c.	mil.
1	7	»	1	05	»	»	3	15	1	01	85	»	10	19	1	12	0
2	14	»	2	10	»	»	6	30	2	03	70	»	20	37	2	24	0
3	21	»	3	15	»	»	9	45	3	05	55	»	30	56	3	36	1
4	28	»	4	20	»	»	12	60	4	07	40	»	40	74	4	48	1
5	35	»	5	25	»	»	15	75	5	09	25	»	50	93	5	60	1
6	42	»	6	30	»	»	18	90	6	11	10	»	61	11	6	72	2
7	49	»	7	35	»	»	22	05	7	12	95	»	71	30	7	84	2
8	56	»	8	40	»	»	25	20	8	14	80	»	81	48	8	96	2
9	63	»	9	45	»	»	28	35	9	16	65	»	91	67	10	08	3
10	70	»	10	50	»	»	31	50	10	18	50	1	01	85	11	20	3
20	140	»	21	»	»	»	63	»	20	37	»	2	03	70	22	40	7
30	210	»	31	50	»	»	94	50	30	55	50	3	05	55	33	61	0
40	280	»	42	»	»	1	26	»	40	74	»	4	07	40	44	81	4
50	350	»	52	50	»	1	57	50	50	92	50	5	09	25	56	01	7
60	420	»	63	»	»	1	89	»	61	11	»	6	11	10	67	22	1
70	490	»	73	50	»	2	20	50	71	29	50	7	12	95	78	42	4
80	560	»	84	»	»	2	52	»	81	48	»	8	14	80	89	62	8
90	630	»	94	50	»	2	83	50	91	66	50	9	16	65	100	83	1
100	700	»	105	»	»	3	15	»	101	85	»	10	18	50	112	03	5

OU A 700 FRANCS L'HECTOLITRE.

	Valeur.		DROITS DE DÉTAIL. 15 pour cent.		Déduction du 3 pour 100.		Net.		Décime.		Total,	
	fr.	c.	fr.	c.	fr.	c.	fr.	c.	fr.	c.	fr.	c.
1	700	»	105	»	3	15	101	85	10	19	112	04
2	1400	»	210	»	6	30	203	70	20	37	224	07
3	2100	»	315	»	9	45	305	55	30	56	336	11
4	2800	»	420	»	12	60	407	40	40	74	448	14
5	3500	»	525	»	15	75	509	25	50	93	560	18
6	4200	»	630	»	18	90	611	10	61	11	672	21
7	4900	»	735	»	22	05	712	95	71	30	784	25
8	5600	»	840	»	25	20	814	80	81	48	896	28
9	6300	»	945	»	28	35	916	65	91	67	1008	32
10	7000	»	1050	»	31	50	1018	50	101	85	1120	35
20	14000	»	2100	»	63	»	2037	»	203	70	2240	70
30	21000	»	3150	»	94	50	3055	50	305	55	3361	05
40	28000	»	4200	»	126	»	4074	»	407	40	4481	40
50	35000	»	5250	»	157	50	5092	50	509	25	5601	75
60	42000	»	6300	»	189	»	6111	»	611	10	6722	10
70	49000	»	7350	»	220	50	7129	50	712	95	7842	45
80	56000	»	8400	»	252	»	8148	»	814	80	8962	80
90	63000	»	9450	»	283	50	9166	50	916	65	10083	15
100	70000	»	10500	»	315	»	10185	»	1018	50	11203	50

INSTRUCTIONS

POUR SE SERVIR DU TABLEAU DU DROIT A LA VENTE EN DÉTAIL.

Pour rendre notre ouvrage nécessaire à la grande majorité des débitans, il était indispensable de donner un tableau, au moyen duquel un redevable pût connaître de suite la quotité des droits qu'il doit payer. Peu d'entre eux savent de quelle manière les employés règlent le trimestre; d'autres, peu familiers avec le calcul, sont incapables de faire cette opération. Le tableau que nous leur présentons a le double avantage de mettre toute personne qui sait additionner à même d'établir son compte, soit par le prix et la quantité des hectolitres et litres vendus, soit par les valeurs réunies des diverses boissons.

Nous l'avons calqué sur l'état que les employés fournissent, chaque trimestre, à l'administration. Dans la première colonne, nous avons porté le nombre d'hectolitres ou de litres vendus; dans la 2e, leur valeur; dans la 3e, le quinze pour cent; dans la 4e, la déduction du trois pour cent allouée pour consommation de famille; dans la 5e, la somme nette à payer; dans la 6e, le décime de guerre; et enfin dans la 7e et dernière colonne, la somme totale, composée de celles portées dans les 5e et 6e colonnes. Il est donc formé de manière que, si le gouvernement venait à supprimer le décime de guerre, on trouverait, dans la cinquième colonne, le montant du droit à payer.

Dans la page *verso*, nous avons établi les comptes depuis un litre jusqu'à cent, et nous les avons réglés aussi scrupuleusement que possible, car nous avons conservé des fractions inférieures au centime.

Dans la page *recto*, nous avons aussi commencé par un hectolitre, et continué jusqu'à cent. Dans ces comptes, nous avons négligé les millimes, et nous avons opéré comme si nous étions employé de la régie, c'est-à-dire, nous avons porté le centime fort en sa faveur, ainsi que cela se pratique dans toutes les administrations.

Maintenant que nous avons donné des explications suffisantes, il ne s'agit plus que de présenter quelques exemples afin que chacun puisse se servir du tableau de la manière qu'il jugera convenable.

PREMIER EXEMPLE.

On suppose qu'un débitant a vendu pendant un trimestre la quantité de 12 hectolitres, 65 litres de vin, à raison de 60 centimes le litre. Voici comment il faut opérer :

Voyez au Tableau, les pages et lignes indiquées ci-contre.	Pag. 27, lig. 10 . .	10 hect.	00 lit.	donnent	96 fr.	03 c.
	Id. 27, *id.* 2 . .	2	00	*id.*	19	21
	Id. 26, *id.* 15 . .	»	60	*id.*	5	76
	Id. 26, *id.* 5 . .	»	05	*id.*	»	48
	Totaux . .	12 hect.	65 lit.		121 fr.	48 c.

On voit que la quotité du droit, pour le trimestre, s'élève à 121 fr. 48 c. Pour faire cette opération, il ne s'agit que de chercher dans la première colonne des Tableaux en rapport avec le prix déclaré, savoir : la page *verso* pour les litres, et la page *recto* pour les hectolitres; la quantité d'hectolitres et de litres convenable; de prendre ensuite la somme qui est portée dans la dernière colonne, sans s'occuper des autres ; et par une simple addition on trouvera de suite, comme dans l'exemple ci-dessus, ce qui est dû aux employés de la Régie.

Il est une objection que l'on fera peut-être et à laquelle nous devons répondre d'avance ; voici en quoi elle consiste : comme nous n'avons calculé nos comptes que par une progression de cinq centimes, on fera sans doute l'observation que ce tableau devient inutile aux débitans dont le prix des boissons est porté à des fractions intermédiaires, par exemple, à 17 centimes pour les cidres et à 82 centimes pour les vins, etc. Il est une manière bien simple de se servir de ce petit ouvrage, c'est de calculer le droit d'après la valeur brute des boissons vendues; et nous allons le prouver par l'exemple suivant :

Nous disons que 30 hectolitres 50 litres de cidre dont le prix est déclaré à raison de 17 centimes le litre, valent 518 fr, 50 c.

Nous établissons donc le droit ainsi qu'il suit :

Voyez au Tableau les pages et lignes indiquées ci-contre.	Pag. 13, lig. 11 . . .	500 fr.	» c.	donnent	80 fr.	03 c.
	Id. 12, *id.* 16 . . .	17	50	*id.*	2	80
	Id. *id.* *id.* 4 . . .	1	»	*id.*	»	16
	Totaux . .	518 fr.	50 c.		82 fr.	99 c.

Le droit à payer s'élève à 82 fr. 99 c.; ainsi cette objection disparaît devant une explication aussi simple que convaincante : il est donc démontré d'une manière évidente que l'on peut opérer soit sur la valeur brute des boissons dans le cas que nous venons de citer, soit sur les quantités vendues lorsque le prix se trouve conforme à celui qui sert de base à nos calculs, c'est-à-dire, de 5 c. à 7 fr. le titre, par une progression de 5 centimes d'un prix à un autre.

Nous terminerons en faisant observer que tant que le décime de guerre sera conservé, le redevable doit prendre la somme portée dans la 7e et dernière colonne, pour connaître la quotité du droit à payer; si on le suppimait, il choisirait, comme nous l'avons déjà dit, celle qui est dans la 5e colonne. Les sommes qui figurent dans les 3e, 4e et 6e colonnes sont utiles aux employés de la Régie pour la formation de leur état de produit.

Nous osons espérer que l'on reconnaîtra toute l'utilité de ce tableau, soit pour établir la quotité du droit à la vente en détail des boissons, soit pour s'assurer si les employés ne font pas quelque erreur. Les soins que nous avons portés dans sa confection, et les nombreuses vérifications que nous lui avons fait subir, nous garantissent son exactitude et nous pouvons donner l'assurance que l'on peut s'en servir sans crainte de faire le moindre faux calcul.

Les préposés ne manqueront pas d'en éprouver l'heureuse influence, parce qu'il tranchera souvent les difficultés qui pourraient s'élever entre eux et le débitant qui n'est pas calculateur.

FIN.

www.ingramcontent.com/pod-product-compliance
Ingram Content Group UK Ltd.
Pitfield, Milton Keynes, MK11 3LW, UK
UKHW021649260726
13994UKWH00003B/1370

9 782329 411392